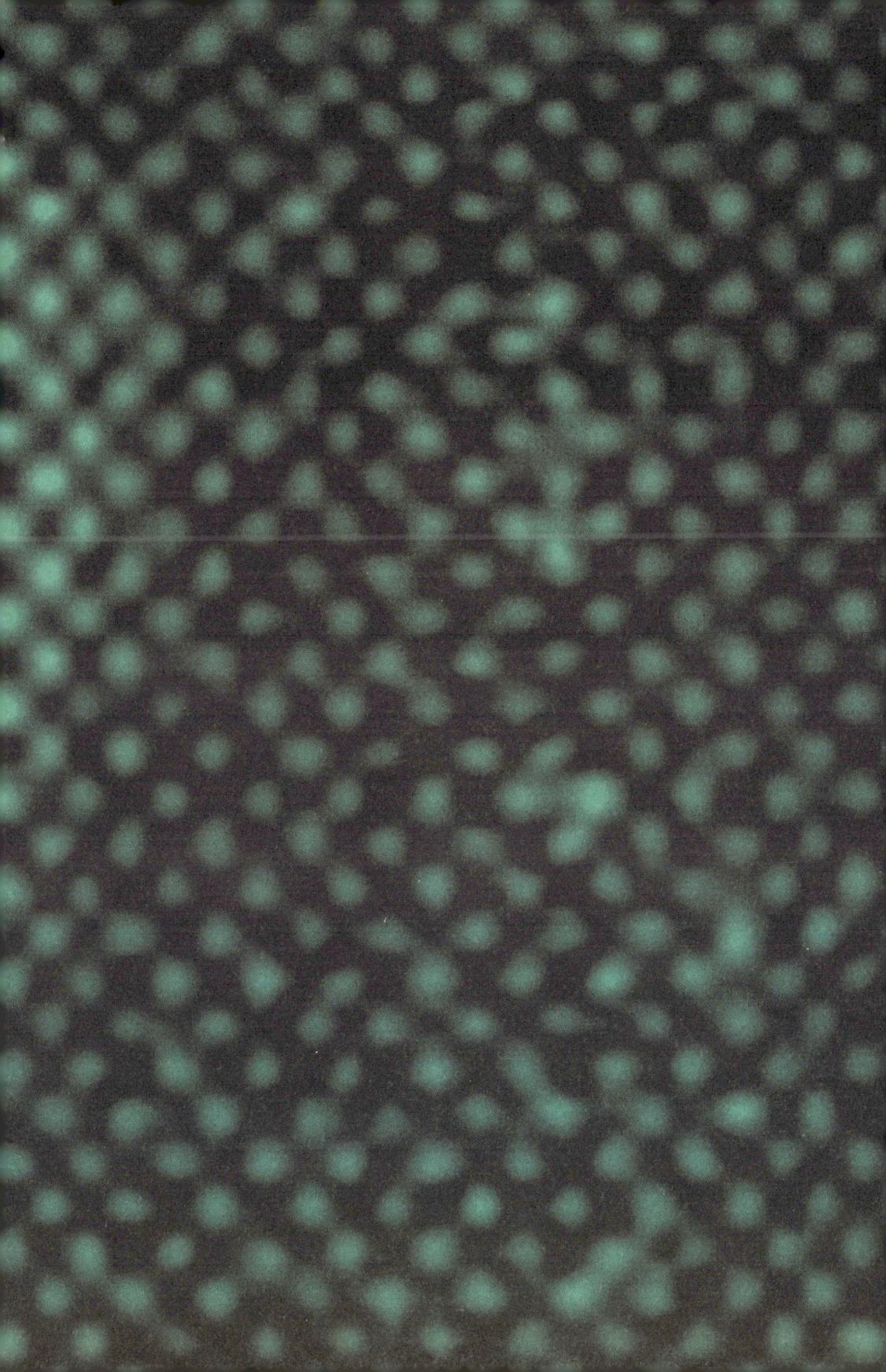

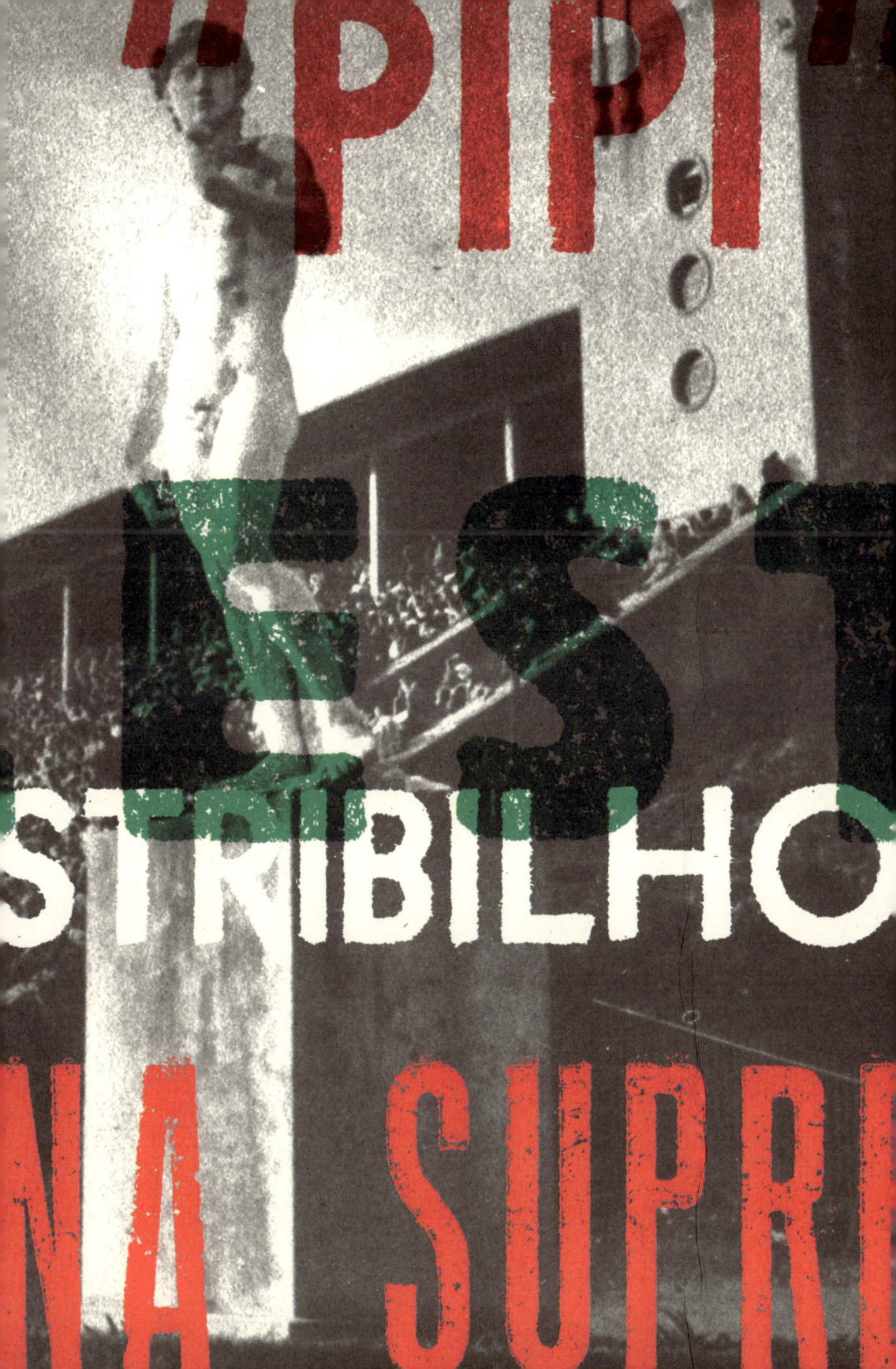

# 1942
## o Palestra
### vai à guerra

CELSO DE CAMPOS JR.   ILUSTRADO POR GUSTAVO PIQUEIRA

**Copyright © 2012 Celso de Campos Jr.**

ILUSTRAÇÕES Gustavo Piqueira
PROJETO GRÁFICO Casa Rex

EDITOR José Luiz Tahan
EDITOR-ASSISTENTE Rodrigo Simonsen
REVISÃO Soraia Bini Cury
FOTO DO AUTOR Leo Feltran

*Crédito das imagens*
PÁGINAS 2-3  Sebastião de Assis Ferreira; Cortiço, 1942;
Acervo Iconográfico | Casa da Imagem de São Paulo

PÁGINAS 4-5  Sebastião de Assis Ferreira; Largo da Memória, 1942;
Acervo Iconográfico | Casa da Imagem de São Paulo

PÁGINAS 6-7  Benedito Junqueira Duarte; Parque Anhangabaú, 1942;
Acervo Iconográfico | Casa da Imagem de São Paulo

PÁGINAS 10-11  Sebastião de Assis Ferreira; Vale do Anhangabaú, 1942;
Acervo Iconográfico | Casa da Imagem de São Paulo

PÁGINAS 310-311  Benedito Junqueira Duarte; Parque Anhangabaú, 1943;
Acervo Iconográfico | Casa da Imagem de São Paulo

PÁGINAS 312-313  Benedito Junqueira Duarte; Praça da Sé, 1942;
Acervo Iconográfico | Casa da Imagem de São Paulo

PÁGINAS 314-315  Benedito Junqueira Duarte; Praça do Patriarca, 1942;
Acervo Iconográfico | Casa da Imagem de São Paulo

PÁGINAS 318-319  Benedito Junqueira Duarte; Rua Quinze de Novembro, 1942;
Acervo Iconográfico | Casa da Imagem de São Paulo

Dados Internacionais de Catalogação na Publicação (CIP)
(Câmara Brasileira do Livro, SP, Brasil)

Campos Junior, Celso de
    1942 : o Palestra vai à guerra / Celso de
Campos Jr. -- Santos, SP : Realejo Edições, 2012.

    ISBN 978-85-99905-52-4

    1. Clubes de futebol - História 2. Estádio
Palestra Itália (São Paulo, SP) - História
3. Futebol - Brasil - História 4. Futebol -
Competições 5. Segunda Guerra Mundial, 1942-1945
I. Título.

12-11264                CDD-796.33406081612

Índices para catálogo sistemático:
1. Palestra Itália : Estádio de futebol : História 796.33406081612

Todos os direitos reservados e protegidos
pela Lei 9.610, de 19 de fevereiro de 1988.

É proibida a reprodução total ou parcial
sem a expressa anuência da editora.

**Realejo Editora**
Avenida Marechal Deodoro, 2
11060.400  Santos  SP
Fone: (13) 3289.4935
*www.realejolivros.com.br*
*editora@realejolivros.com.br*

Apresentação 16

1 Dez homens e um destino 20

2 Brigas de cachorro grande 30

3 Na bola ou na bala 56

4 Addio Palestra Italia 78

5 Diamante... Verde 110

6 Um filho teu não foge à luta 152

7 A batalha final 200

8 A herança 282

Nota do autor 302

# APRESENTAÇÃO

*Conhecida pelos aficionados alviverdes como Arrancada Heroica*, a epopeia do desaparecimento do Palestra Italia e do surgimento do Palmeiras foi uma dramática saga que misturou futebol e guerra no caldeirão da São Paulo de 1942. Naquele ano, a capital bandeirante, que ganhava contornos definitivos de metrópole, vivia dias de incerteza e preocupação pela entrada do Brasil na Segunda Guerra Mundial – menos pelas possíveis ameaças externas do Eixo e mais pelo cerceamento de direitos e liberdades instaurado pelo governo do Estado Novo, que habilmente controlava e domesticava a população.

Enquanto lá fora as batalhas consumiam o planeta, e os Aliados, com a chegada do poderio econômico dos Estados Unidos e a brava resistência dos soviéticos em Stalingrado, começavam a reverter a balança que até então pendia para Adolf Hitler e companhia, no Brasil acirravam-se as tensões internas. Integrantes das colônias alemã, italiana e japonesa pagavam o preço da tirania dos líderes de Berlim, Roma e Tóquio, sofrendo não apenas um constrangimento oficial das autoridades nacionais como também uma perseguição aberta de parte da população, alimentada pela intolerância, pelo preconceito e pelo ódio.

Agremiação de tradição italiana, mas com sólidas raízes na vida paulistana, o Palestra Italia não ficaria alheio a esse cenário bélico. Como um dos motores do esporte local, o clube se colocaria, a exemplo do que fizera ao longo de suas até então quase três décadas de existência, totalmente à disposição das autoridades para promover a integração social. Mas, gigante nos gramados e no patrimônio, o alviverde despertaria a cobiça dos patriotas de ocasião, tornando-se alvo de uma campanha ardilosa para desestabilizá-lo esportiva e institucionalmente – ofensiva que se intensificaria quando o Palestra, para desespero dos críticos, caminhava para o triunfo máximo no futebol paulista. O desfecho desse périplo, em uma partida contra o São Paulo no Pacaembu, no dia 20 de setembro, é dos episódios mais incríveis da história da cidade.

Com o passar dos anos, porém, não apenas pela distância temporal, como também por envolver e acirrar a paixão clubística, os acontecimentos de 1942 deixaram o terreno dos fatos e ingressaram no almanaque das lendas. Cercados de folclore e mistério, passaram a ser contados em versões distintas pelos seguidores de Palmeiras e de São Paulo, cada qual procurando dramatizar os incidentes a seu favor.

Este livro, concebido e realizado de forma independente, busca recontar, por meio dos fatos, e nada mais, a atmosfera, os eventos e os personagens daqueles dias. Para tanto, foi necessário um mergulho profundo nas fontes de época – jornais, revistas e livros –, imunes às falhas da memória e às distorções, voluntárias ou não, das partes interessadas. Depoimentos-chave para o entendimento do período complementaram a pesquisa, que recuou alguns anos a fim de explicar toda a complexa e emaranhada trama que desencadeou aquele conflito político e esportivo.

Como não poderia deixar de ser, diante do protagonismo do clube nas ações dentro e fora dos campos em 1942, a narrativa tem seu foco no Palestra. Mas dá voz a todos os envolvidos daquela que foi uma página única na história do esporte brasileiro – a temporada em que a guerra calçou as chuteiras e foi a campo. Vamos a ela, então.

# DEZ HOMENS E UM DESTINO

*A loucura do século. Assim ficara conhecida a ousada* operação de engenharia financeira que uma comissão de notáveis ligados ao Palestra Italia empreendera, em 1920, para viabilizar a aquisição do Parque Antarctica. Tratava-se, de fato, de uma iniciativa ambiciosa, para não dizer insana: fundado apenas seis anos antes, o clube dos *oriundi*, que funcionava em uma pequena sede na rua Líbero Badaró e ainda nem sequer ingressara no panteão dos campeões paulistas, decidia simplesmente comprar a maior praça esportiva da cidade de São Paulo. Extremamente improvável, o negócio foi consumado apesar das pesadas imposições da Companhia Antarctica Paulista, proprietária do terreno. E acabaria catapultando o crescimento do alviverde nas esferas sociais e esportivas da Pauliceia: em poucos meses, o Palestra conquistava seu primeiro título estadual e despertava uma irremediável dor de cotovelo nas agremiações da elite paulistana

– que, apesar de estabelecidas desde o início do século, jamais haviam ousado sonhar em oferecer a seus associados tal patrimônio.

Sempre com recursos de sua gente, sem precisar passar o chapéu ou avançar desavergonhadamente sobre os cofres públicos, os palestrinos ainda ergueriam, sobre o modesto campo de futebol do parque, um estádio imponente que se tornaria o palco preferencial dos grandes eventos esportivos da cidade – e que testemunharia as glórias e as tragédias de seu time profissional. Da angústia após a perda do título para o São Paulo da Floresta, em 1931, ao júbilo pela monstruosa goleada de 8 a 0 sobre o Corinthians, em 1933, o *Stadium* Palestra Italia tornou-se um pulsante centro nervoso onde se descortinavam, ruidosa e apaixonadamente, os principais acontecimentos da vida do clube.

Naquela fatídica noite de 14 de setembro de 1942, porém, quando o Palestra se defrontava com o maior desafio de suas quase três décadas de existência, as arquibancadas da casa alviverde estavam em silêncio. Seu gramado, completamente às escuras. Era na sala de troféus que o caldeirão fervilhava: em meio aos símbolos das vitórias e do orgulho palestrino, dez homens, carregando nos ombros os anseios e as esperanças de centenas de milhares, suavam sangue para deliberar sobre uma decisão histórica. A pauta única da sessão extraordinária da diretoria anunciava uma votação para a mudança de nome da instituição. Mas os presentes sabiam que ali estava em jogo o destino de uma agremiação em xeque.

Nos dias anteriores, uma nefasta campanha difamatória, que acusava o Palestra de ser um clube "estrangeiro" e de abrigar uma malta de traidores da pátria, ganhara as ruas de São Paulo e colocara o clube contra a parede. Com os ânimos no país exaltados pela entrada no Brasil na Segunda Guerra Mundial, os falsos patriotas exigiam o fechamento do clube e a prisão de seus dirigentes. E tudo isso acontecia justamente às vésperas da partida que decidiria o título do Campeonato Paulista de Futebol, em 20 de setembro.

Nas hostes alviverdes, ninguém tinha dúvidas. Não se tratava de mera coincidência. O adversário da batalha dentro de campo era o mesmo a incitar a guerra fora dele: o São Paulo Futebol Clube – se não oficialmente, ao menos por meio de seus fanáticos e influentes partidários. De propriedade de um atuante ex-presidente tricolor, Paulo Machado de Carvalho, a Rádio Record, emissora líder de audiência na cidade, transmitia repetidamente comentários insidiosos que acusavam os alviverdes de ser súditos do Eixo. Cartazes apócrifos completavam o serviço e informavam à população que o Palestra não passava de um antro de quintas-colunas a serviço de Benito Mussolini e sua horda fascista.

Ainda que não tivesse nenhuma base ou fundamento, tal ofensiva era, obviamente, recebida com extrema apreensão pelo estado-maior palestrino. Por meio dela, orquestrava-se um clima bélico contra os periquitos para o *gran finale* do campeonato: já se comentava pela cidade que a torcida são-paulina preparava uma chuva de objetos para receber a entrada do time adversário no Choque-Rei decisivo, a ser disputado no Pacaembu.

Além da instabilidade na esfera esportiva, contudo, havia ainda uma preocupação maior, institucional, com o estrago potencial da boataria depravada. A repetição de calúnias contra o Palestra criava um clima favorável a uma intervenção do Governo Federal no clube – trâmite que ocorrera com diversas agremiações estrangeiras no início de 1942 e fora fatal para muitas delas, forçadas a aceitar uma incorporação por outra sociedade indicada pelo governo ou a simplesmente fechar as portas. Nesse processo, é claro, o prejuízo de alguns se tornava o lucro de outros – e o fato de o São Paulo já ter recebido uma sede de campo novinha em folha, no Canindé, aumentava ainda mais o receio pelos lados da Água Branca. No caso tricolor, a vítima fora a Associação Alemã de Esportes, que, oficialmente ameaçada de dissolução pelo interventor nomeado pela Diretoria de Esportes do Estado de São Paulo, um nada imparcial conselheiro são-paulino, foi docemente constrangida a transferir suas instalações para o São Paulo. Assim, em um estalar de dedos, os sócios tricolores, que antes só contavam com uma protocolar sede social no centro da cidade, começaram a desfrutar das benesses do aprazível rancho da zona Norte – onde só faltava mesmo um campo de futebol.

Com sua colossal praça de esportes, o Palestra era o prêmio máximo para todo e qualquer oportunista travestido sob o manto do patriotismo. Bastava ligar os pontos – e a coletividade alviverde, por certo, já o fizera. Corria entre os aficionados do clube um movimento para a formação de uma resistência armada, disposta a se aquartelar no Parque Antarctica para defendê-lo de uma possível invasão de falanges são-paulinas. O exército popular cogitava levar para o estádio barris de combustível, que seriam incendiados para destruir a arena caso não fosse possível frear as forças hostis. Aos olhos de um observador externo, a preocupação com um ataque ao Parque Antarctica soava exagerada ou até mesmo paranoica – mas, para os palestrinos, era tão paranoica quanto afirmar que uma célula leal a Mussolini funcionava na sede alviverde. E isso não impedira seus difamadores de fazê-lo.

De qualquer forma, Italo Adami, Hygino Pellegrini, Edmundo Scala, Armando Gargaglione, Remo Pierri, Affonso Cipullo Netto, Leonardo Fernando Lotufo, Paschoal

Walter Byron Giuliano, Adalberto Mendes e Odilio Cecchini, os homens que naquela noite definiriam o futuro da entidade, jamais aceitariam tomar qualquer medida que implicasse a interrupção do legado de seus ancestrais. Entregar de bandeja o fruto da loucura do século, definitivamente, não era uma opção.

A temperatura continuava alta na sala de troféus. Os mandatários precisavam dar satisfações à Diretoria de Esportes do Estado de São Paulo, que, influenciada pelas más-línguas, cobrava providências do clube, instando-o a fornecer provas de sua "brasilidade" – como se o Palestra, a despeito de suas jamais renegadas origens italianas, não fosse uma entidade totalmente nacional e funcionando em perfeita consonância com as leis do país. Aliás, justamente para evitar qualquer tipo de confusão, o clube já havia até mesmo tirado o "Italia" de seu nome; desde março, a agremiação atendia por Sociedade Esportiva Palestra de São Paulo. Avalizada pelo governo federal, a medida fora suficiente para garantir a tranquilidade da instituição – até que as serpentes da discórdia começassem a destilar seu veneno.

Depois de acalorado debate, os dirigentes optaram por não insistir em uma briga com as forças públicas estaduais e subscreveram a proposta da troca de nome sugerida – leia-se determinada – pelo chefe da Diretoria de Esportes, o capitão Sylvio de Magalhães Padilha. Na visão dos dez líderes, além de ser a melhor forma de preservar a sociedade e a tradição do Palestra, tal atitude também colaboraria com a paz que a situação interna do Brasil exigia – afinal, alimentar conflitos civis no país era coisa dos homens que estavam do outro lado da trincheira.

A essas alturas, o concílio alviverde já avançava pela madrugada. Mas ainda era preciso voltar à pia batismal para definir a próxima alcunha do clube. Brasil,

América, Paulista, Piratininga: as sugestões óbvias e pouco criativas apareciam sem que se chegasse a um consenso. Acompanhando os trâmites pelo telefone, o capitão Padilha cobrava uma definição imediata, para que já no dia seguinte o ex-Palestra de São Paulo comunicasse sua nova denominação à Federação Paulista de Futebol. Em meio às discussões, então, surgiu a ideia de homenagear a antiga Associação Atlética das Palmeiras, extinta em 1930 e que fora sempre simpática ao Palestra Italia em suas quedas de braço contra os desmandos das agremiações da elite paulistana. Por volta de uma hora da manhã do dia 15 de setembro de 1942, a proposta era aprovada. Desaparecia o Palestra. Surgia a Sociedade Esportiva Palmeiras.

Envergando as mesmas cores e carregando no peito o mesmo brasão de seu antecessor, o time já tinha compromisso marcado para o domingo seguinte. E que compromisso. No ano mais importante da história do futebol paulista, o Palmeiras faria sua estreia nos gramados enfrentando o São Paulo pelo título do Campeonato Paulista – a batalha final de uma guerra que começara muito, mas muito antes.

# BRIGAS DE CACHORRO GRANDE

"*Quando se inicia uma guerra, já não é o direito que importa, e sim a vitória. Eliminem de seu coração o sentimento de pena. Procedam brutalmente.*" Em agosto de 1939, Adolf Hitler discursou ao alto comando militar alemão em Obersalzberg, aprazível retiro nas montanhas da Bavária, e deu aos oficiais o tom de seu sinistro Plano Branco. A invasão da Polônia, a ser deflagrada em poucos dias, visava à retomada das terras perdidas na Grande Guerra de 1918, e, de acordo com os especialistas internacionais, envolveria ao menos dois anos de batalhas ferrenhas. Pois a irresistível máquina de guerra nazista, motivada pelas palavras de seu *Führer*, aniquilou o inimigo com um pé nas costas: em menos de 30 dias, a Polônia estava acabada, com um rastro de 70 mil mortos para não contar a história.

  Horrorizado, o mundo verificaria em pouco tempo que tal carnificina era apenas o pontapé inicial da peleja expansionista de Hitler. A guerra ateava fogo na Europa novamente.

Em maio de 1940, as tropas do Reich invadiram a França, a Holanda e a Bélgica, e, botando para correr as Forças Armadas da Grã-Bretanha, chegaram sem dificuldade a Paris, onde marcharam triunfantes e obrigaram os franceses a assinar uma humilhante rendição. Arrasador, o bigode mais temido do planeta já projetava o passo seguinte: a conquista de Londres – o que, na prática, representaria um xeque-mate no tabuleiro bélico europeu. Desta vez, porém, não seria tão simples. Inspirados pela liderança magnética do primeiro-ministro Winston Churchill, os britânicos resistiram a quatro meses de ferozes bombardeios, entre julho e outubro de 1940, e conseguiram, com uma atuação heroica de sua Força Aérea Real, repelir a ameaça de uma invasão nazista na terra do chá das cinco.

Apesar do fracasso na Batalha da Bretanha, o *Führer* seguia dando as cartas em todos os teatros de operação no início de 1941. A essas alturas, as armas já cantavam bem além do Velho Continente: cerrando fileira com os alemães, no inglório Eixo, Itália e Japão entraram no conflito e levaram o inferno ao Norte da África e a partes da Ásia. Insaciável em sua sanha imperialista, o líder alemão, já soberano na Europa ocidental, decidiu abrir uma nova frente de combate na Europa oriental. Confiante em sua bem azeitada máquina de guerra, Hitler picotou o pacto de não agressão assinado com o camarada Josef Stalin e lançou, em junho de 1941, a operação Barbarossa, para conquistar a União Soviética e seu gigantesco território.

O alto comando do Reich acreditava em uma vitória rápida e indolor contra os antigos aliados. E tinha razões para isso: o outrora temível Exército Vermelho vinha de uma atuação desastrosa na guerra particular travada contra os finlandeses, entre 1939 e 1940. Mesmo tendo uma enorme vantagem em soldados e equipamentos, os soviéticos passaram por apuros inesperados para subjugar o inimigo, tendo sofrido baixas brutais. No entanto, quando chamados para defender o seio da Mãe Rússia, os homens de Stalin se transformaram. Com sangue nos olhos, resistiram encarniçadamente às pesadas investidas dos nazistas – que, para manter o plano inicial, despejaram baciadas de soldados na União Soviética durante todo o segundo semestre de 1941, desguarnecendo de forma perigosa seus outros *fronts*.

No fim do ano, as exauridas tropas germânicas enfim chegaram aos arredores de Moscou. Mas esse acontecimento foi obscurecido por uma notícia tão inesperada quanto espetacular, vinda da ilha havaiana de Oahu. Em 7 de dezembro de 1941, um bombardeio-surpresa dos japoneses arrasou a base militar norte-americana em Pearl Harbor, causando a morte de 2.400 soldados e a destruição de quase toda a frota naval e aérea dos Estados Unidos no Oceano Pacífico. O presidente Franklin Roosevelt, que até então seguia o desejo da opinião pública e mantinha a bandeira da neutralidade hasteada na Casa Branca, não teve outra saída senão ir à guerra. A notícia foi celebrada como uma dádiva para o mundo livre: com o suporte do colossal poder econômico, bélico e industrial ianque, os Aliados esperavam desalinhar o Eixo no ano novo que se avizinhava.

1942, portanto, anunciava-se quente, com a expectativa de uma definição dos rumos da Segunda Guerra – que, enfim, se tornara mundial. Mais de 40 países, dos quatro cantos do globo, estavam oficialmente engajados nas hostilidades. Albânia, Alemanha, Austrália, Bélgica, Bulgária, Canadá, China, Colômbia, Costa Rica, Croácia, Cuba, Dinamarca, El Salvador, Equador, Egito, Estados Unidos, Etiópia, Finlândia, França, Grã-Bretanha, Grécia, Guatemala, Haiti, Holanda, Honduras, Islândia, Itália,

Iugoslávia, Japão, Luxemburgo, Manchukuo, Nicarágua, Noruega, Nova Zelândia, Panamá, Paraguai, Polônia, Primeira República Eslovaca, República Dominicana, Romênia, União Soviética e, ufa, União Sul-Africana.

O Brasil? Ah, o Brasil...

Com habilidade de contorcionista circense, Getúlio Dornelles Vargas se desdobrava para empurrar com a barriga a entrada do país na Segunda Guerra. Respaldado pela neutralidade coletiva latino-americana decidida na Conferência do Panamá, em 1939, o mandachuva tropical, dividido entre a cruz e a caldeirinha, evitava a todo custo tomar partido na escaramuça entre os Aliados e o Eixo. Por um lado, já não havia mais dúvidas de que a camarilha dos governos tirânicos representava uma ameaça às maiores conquistas do mundo ocidental – a liberdade individual, o estado de direito, a democracia. Por outro, era fato que o caudilho de São Borja estava muito mais alinhado ideologicamente com Hitler e Mussolini do que com Churchill.

O aplicado Gegê, aliás, havia estudado muito bem a cartilha dos ditadores para fazer sua lição de casa: desde novembro de 1937, Vargas colocara o Brasil sob as rédeas de um regime totalitário e opressor, candidamente batizado de Estado Novo. Em uma só tacada, cancelara a realização das eleições presidenciais – programadas para janeiro de 1938 –, fechara o Congresso Nacional, determinara a extinção dos partidos políticos e promulgara uma nova Constituição, que lhe daria o controle total dos poderes Legislativo e Judiciário. O intervencionismo estatal avançava por todas as esferas da sociedade e sufocava qualquer tentativa de oposição. Nos moldes do nefasto

Ministério da Propaganda do Reich, comandado por Joseph Goebbels, também criara o Departamento de Imprensa e Propaganda, o DIP, responsável por censurar os veículos de comunicação e vender à população a imagem de seu governo como a oitava maravilha do mundo.

Diante de tantas, digamos, coincidências, comprar briga com o Eixo e seus inspiradores era uma tremenda inversão de valores – sem contar que desencadearia insatisfação em diversos setores das Forças Armadas, fãs de carteirinha da volúpia bélica da Alemanha. Mas, no Palácio do Catete, valores eram negociáveis. Especialmente se viessem em dólares.

Por isso, em 1941, quando os Estados Unidos, preocupados com o avanço da influência germânica na América Latina, se aproximaram do Brasil a fim de trazer o país para debaixo de suas asas, Getúlio os fez saber que precisariam abrir o cofre. E dinheiro não era problema para o Tio Sam: depois de alguns meses de negociação, a Casa Branca se comprometeu a financiar a criação de uma usina siderúrgica no país, além de reequipar e modernizar o Exército, a Marinha e a Aeronáutica verde-amarelas – trunfo de Vargas para acalmar os ânimos dos militares. Já o Brasil repassaria aos norte-americanos toda a matéria-prima estratégica para a guerra, especialmente a borracha, e cederia as bases do litoral do Nordeste para operações militares dos Estados Unidos.

O acerto oficializou-se no início de 1942, durante a 3ª Reunião de Consulta dos Chanceleres das Repúblicas Americanas, ocorrida de 15 a 28 de janeiro no Rio de Janeiro. No encerramento dos trabalhos, Oswaldo Aranha, ministro das Relações Exteriores, anunciou o tão esperado rompimento das relações diplomáticas e comerciais brasileiras com Alemanha, Itália e Japão, como combinado com os Estados Unidos. Imediatamente, o Itamaraty chamava de volta os representantes brasileiros em Berlim, Roma e Tóquio, ao mesmo tempo que, com a necessária delicadeza, convidava os agentes oficiais dessas nações no Rio de Janeiro a se pirulitar do Brasil.

O anúncio não representava uma declaração efetiva de guerra ao Eixo. Do ponto de vista militar, a única resolução tomada no encontro referendava a criação de uma agência para estreitar os laços entre os diferentes braços de defesa dos países americanos – ou seja, nada de ação, para tristeza de muitos oficiais brasileiros, interessados em tomar parte nas hostilidades.

Ainda que o governo já se preparasse para mobilizar a população diante de um ataque inimigo – como provava, em fevereiro, a criação do Serviço de Defesa Passiva e Antiaérea, que promoveria exercícios de alerta e *black-out* –, a ideia de que Alemanha, Itália ou Japão pudessem abrir uma frente de combate na América Latina era um devaneio. Não havia sequer recursos para isso, já que os beligerantes se digladiavam em capacidade máxima em diversos pontos do planeta. A frente interna seria muito mais uma nova tentativa de controle da possível oposição ao Estado Novo do que um tipo de proteção contra ameaças externas. Qualquer comentário em contrário, ao menos em São Paulo, era considerado blá-blá-blá ufanista – que, naquele começo de ano, não empolgava muito a população paulistana.

Ao contrário do futebol.

Na Pauliceia, 1942 nasceu sob o signo da vitória. Os jornais não se cansavam de repercutir – e de comemorar – o título da Seleção Paulista no Campeonato Brasileiro de

Futebol, conquistado sobre a Seleção Carioca no último mês de 1941. Na narração da crônica esportiva, o jogo ganhou contornos épicos, recebendo o mesmo tom grandiloquente em geral reservado aos episódios cruciais da guerra. Era como se o triunfo bandeirante estivesse no meio do caminho entre o afundamento do Bismarck e a Retirada de Dunquerque. "17 de dezembro é a data que deve ficar indelével no coração de todo esportista que se preza, e que torce de fato para as cores paulistas! Foi nessa noite memorável que em São Januário o nosso selecionado travou a luta mais sensacional de toda a história do Campeonato Brasileiro, vencendo em condições magníficas, fora do comum, um onze que já se acostumara a ser considerado absoluto", vibrava a revista *Vida Esportiva Paulista* na edição de janeiro de 1942.

Tamanha celebração tinha sua razão de ser. Sem uma competição nacional interclubes, o Campeonato Brasileiro, organizado pelo Conselho Nacional de Desportos e disputado entre as seleções de duas dezenas de estados da Federação, canalizava toda a rivalidade desportiva regional – rivalidade que era não apenas de torcedores, mas também de jogadores, comissões técnicas e imprensa. Durante esse período, o sentimento bairrista atingia níveis estratosféricos, especialmente em São Paulo e no Rio de Janeiro, então Distrito Federal. Acirradíssima, a briga entre os dois maiores polos do esporte no país costumava vitimar não apenas o bom senso, mas também a Seleção Brasileira de Futebol, em vários momentos privada dos melhores atletas do país por picuinhas entre as federações rivais.

Em 1941, mais do que nunca, os paulistas estavam com os adversários atravessados na garganta. Nos três torneios anteriores, haviam perdido a decisão para os cariocas, que, com a faixa do tricampeonato no peito, não paravam de botar banca. Nas semifinais, massacraram o selecionado

# Momentos antes da grande luta!

Aí estão vários dos cracks paulistas que se exibiram ontem no estádio monumental do Pacaembú. Todos confiantes! Todos com a mesma fé no resultado final e esperançosos de, uma vez mais, conquistarem para S. Paulo o título que se encontra, ainda, com os tradicionais adversários da Guanabara.

baiano, 9 a 0 no primeiro jogo e 3 a 0 no segundo, e já contavam vantagem para a final, dando de ombros para a boa atuação do arquirrival – que se qualificara também em grande estilo, despachando o Rio Grande do Sul por 7 a 2 e 4 a 1. Flávio Costa, o nada humilde treinador fluminense, alardeava aos quatro ventos que o time de São Paulo não era um concorrente à altura de seu conjunto; em suas palavras, os cariocas representavam a verdadeira Seleção Brasileira, sem tirar nem pôr. Argemiro, *half* esquerdo do Rio de Janeiro, conseguia ser ainda mais gabarola. "Classe é classe. E os paulistas não a possuem como nós, cariocas", declarou ao jornal *O Esporte* do dia da decisão.

  Desfilavam pela equipe da capital do Brasil nomes de cartaz, como Tim, Pirillo, Zizinho, Afonsinho e Domingos da Guia – boa parte deles, porém, já relativamente veterana, sem o ímpeto de outrora. Percebendo isso, o técnico paulista, Armando Del Debbio, que acabara de conduzir o Corinthians ao título estadual de 1941, promoveu uma renovação em seu quadro. Jovens valores que haviam sido convocados pela primeira vez ganharam logo de cara a camisa titular, caso do goleiro Oberdan, do Palestra Italia, do ponteiro Claudio, do Santos, e do avante Milani, do Corinthians. Lima, o garoto de ouro do Palestra, era o craque do time e a maior esperança de gols da torcida. Sobre essa "seleção-moça" recaía o desafio de botar pra correr os medalhões fluminenses e arrebatar de novo o título nacional, visto pela última vez na Terra da Garoa em 1936.

  A final foi disputada no sistema melhor de três. Na primeira partida, São Paulo triunfou no Pacaembu por 4 a 2; na segunda, o Rio de Janeiro arrancou, de virada, uma vitória por 4 a 3 em São Januário, forçando a realização do terceiro jogo – que, por sorteio, aconteceria novamente no estádio do Clube de Regatas Vasco da Gama. Para o desempate em caso de igualdade no tempo normal, a Confederação Brasileira de

Desportos introduzia uma esdrúxula novidade: em vez do saldo de gols ou da marcação de uma nova partida, como nos certames anteriores, a organização determinava que o jogo seguisse ininterruptamente até que um tento fosse anotado. "Um regulamento irracional e contrário a todos os cânones da higiene esportiva", bradava em coro a imprensa paulistana.

Para o bem ou para o mal, os mais de 50 mil torcedores que superlotaram São Januário na noite de 17 de dezembro de 1941 não precisaram ficar até as três ou quatro da matina para descobrir o novo campeão brasileiro. Com um golaço de Lima logo aos três minutos do primeiro tempo – o astro palestrino recebeu um cruzamento de Claudio, matou no peito, ganhou de Florindo e arrematou forte, vencendo o goleiro Aymoré – , a primaveril Seleção Paulista venceu a do Rio de Janeiro por 1 a 0 no tempo normal e levou o caneco.

Oberdan; Agostinho e Begliomini; Jango, Brandão e Dino; Claudio, Servílio, Milani, Lima e Rui. Na noite seguinte à vitória, os heróis do título foram homenageados por cerca de 5 mil fanáticos na Estação do Norte, no Brás, em uma festa que o jornal *O Esporte* comparou com a recepção dos atletas da Grécia imortal. Na entrada da gare, a banda musical da Light comandava a folia, enquanto a da Guarda Civil, postada na plataforma de desembarque, aguardava para festejar os vencedores. Quando a Litorina estacionou, às 20h, fez-se o caos. Os fãs invadiram o vagão e carregaram os atletas nos ombros até a porta da estação; teriam feito o mesmo também pelas ruas da Pauliceia, se já não houvesse carros para levar os campeões ao centro da cidade, onde a festa continuou.

"Uma apoteose colossal", resumiu o *Correio Paulistano* de 19 de dezembro, em êxtase. "Durante as horas da noite a alegria persistiu em todos os recantos da cidade, nas sedes da Federação, dos clubes e em vários restaurantes e bares da cidade". Da guerra, nem sinal.

A supremacia no cenário nacional foi o impulso de que as forças futebolísticas de São Paulo precisavam para colocar em prática, em 1942, seu plano de profissionalização do campeonato local, rascunhado desde a criação da Federação Paulista de Futebol, no primeiro semestre do ano anterior.

Nova entidade máxima do futebol bandeirante, a FPF herdara o espólio da Liga de Futebol do Estado de São Paulo, extinta com a promulgação do decreto-lei 3.199. Assinado por Getúlio Vargas em 14 de abril de 1941, o documento determinava a formação do Conselho Nacional de Desportos, subordinado ao Ministério de Educação e Saúde e responsável pela nova organização do esporte em todo o país. Era o Estado Novo introduzindo seu cabresto também na vida esportiva brasileira – Luiz Aranha, então presidente da Confederação Brasileira de Desportos, nem disfarçava tais intenções. "O desporto precisa viver em função da nacionalidade. Não só formar uma raça robusta fisicamente, mas torná-la moral e civicamente forte", declarou à *Folha da Manhã* de 16 de abril. "Desde meninos os atletas aprendem a defender com ardor as cores de sua bandeira, e esse sentimento vai se aprimorando até que aprendem a empregá-lo na defesa de sua própria pátria, quer colaborando pelo trabalho, quer entregando-se na defesa de seu país nas horas trágicas."

O "decreto-algema", como foi chamado na época, tinha seu lado bom: ao suprimir parte dos impostos referentes às atividades esportivas e garantir um auxílio financeiro regular às recém-criadas federações, o governo federal proporcionava às entidades regionais uma

## S. Paulo consegue rehaver

**título de campeão brasileiro**

possibilidade efetiva de organização e desenvolvimento. Desde o início, a Federação Paulista de Futebol traçou a meta de acabar com as disputas de poder que marcaram por décadas o esporte bretão em São Paulo – e que haviam culminado na criação e no desaparecimento de organizações rivais como a Liga Paulista de Futebol, a Associação Paulista de Esportes Atléticos e a Liga Bandeirante de Futebol. Centralizando e pacificando o comando do futebol paulista, a federação pretendia impulsioná-lo a novos patamares técnicos, atléticos e financeiros, livrando-o do ranço amadorístico dos campeonatos de antanho.

Porém, o primeiro ano da FPF, sob a batuta de Ubirajara Pamplona, foi turbulento. Os clubes não se sentiram devidamente representados no comando da associação e impuseram vida dura ao presidente, insistindo em uma oposição sistemática às suas ações e deliberações. Cansada da brincadeira, boa parte da diretoria da Federação Paulista de Futebol exonerou-se em caráter irrevogável no dia 6 de novembro de 1941, devolvendo os cargos ao capitão Sylvio de Magalhães Padilha, chefe da Diretoria de Esportes do Estado de São Paulo, que fazia a ponte oficial entre a FPF e o Conselho Nacional de Desportos.

Esportista condecorado, com participação no time de atletismo do Brasil nas Olimpíadas de Los Angeles-1932 e Berlim-1936, Padilha conseguira transferir com sucesso o respeito conquistado nas pistas para sua nova atividade de homem público – havia sido indicado pelo interventor federal Adhemar de Barros como chefe da recém-criada Diretoria de Esportes, em 1939. Ciente do desejo dos clubes de participar mais da Federação, o capitão decidiu empossar provisoriamente o chefe do Departamento Profissional da FPF, Paulo Meirelles, como mandatário da entidade até que se encontrasse um nome de consenso para o cargo.

Em 19 de dezembro de 1941, depois de um mês de conversas e negociações com as agremiações esportivas do estado, o capitão anunciou a nomeação do antigo treinador e cronista esportivo Taciano de Oliveira para presidente da Federação Paulista de Futebol. A fim de compor a diretoria, foram confirmados nomes ligados aos clubes, exatamente como estes o desejavam – caso do palestrino Eugênio Malzoni, presidente do Departamento Profissional, e do são-paulino Nelson Fernandes, tesoureiro da diretoria, entre outros cartolas. "Devemos fazer tudo para que o futebol, esporte popular e útil, consiga em São Paulo um ininterrupto progresso. Estamos aliás numa fase de ressurgimento, como prova a conquista do campeonato brasileiro. Há trabalho, com entusiasmo, com fé, com perseverança", discursou Taciano de Oliveira, aclamado por unanimidade.

Em seu balanço de final de ano, *O Esporte* comemorava a escolha. "Em 1941 muito já se trabalhou para o bem do futebol. Moralizamos grandemente os costumes viciados adquiridos no tempo do 'amadorismo marrom'. Restauramos usos que os negligentes, os politiqueiros, haviam deformado viciosamente. Assim poderá o nosso futebol registrar em 1942 um ano de prosperidade sem precedentes, no terreno moral e técnico", previa o jornal. "Acessórios não nos faltam. O Pacaembu é uma galeria de majestade e conforto; os nossos clubes, todos, reforçam-se com inteligência e proveito; e ainda está aí o público, esse público bandeirante, uma corrente de força e fé, que, trazendo aos nossos campos o ornamento de suas características, trouxe-nos também a vanguarda das bilheterias no Brasil. Nessas perspectivas, aguardamos um campeonato gordo, vibrátil, elétrico."

De fato, os grandes clubes da cidade se preparavam como nunca para a temporada de 1942, que chegava cheia de novidades. Para marcar a organização de seu primeiro torneio, a Federação Paulista de Futebol instituiu uma miríade de prêmios – sendo a joia da coroa a Taça Federação Paulista de Futebol, troféu de prata inglesa sobre coluna de ônix e bronze encomendado à joalheria Mappin & Webb, no Rio de Janeiro. De posse transitória, seria conquistado em definitivo pela equipe que vencesse três vezes consecutivas ou cinco alternadas o Campeonato Paulista. Outra atração ímpar era o troféu Campeoníssimo, impressionante bronze artístico representando um jogador em tamanho natural; disputado somente por Corinthians, São Paulo e Palestra Italia, seria entregue para sempre àquele que mais somasse pontos nos seis clássicos do campeonato de 1942.

Por essas e outras, a movimentação na pré-temporada era febril. E, logo de cara, ficou claro para Portuguesa de Esportes, Juventus, São Paulo Railway, Comercial e Ypiranga – as demais agremiações da capital que tomariam parte no certame –, e para Santos, Portuguesa Santista e Espanha, os times da Baixada, que o Trio de Ferro vinha forte como há muito não se via. O abismo entre protagonistas e coadjuvantes se alargava cada vez mais.

É bem verdade que o Corinthians, campeão paulista de 1941, se empenhou mais em segurar seus atletas, cobiçados por clubes nacionais e internacionais, do que em trazer reforços. Mas apenas isso já seria suficiente: tratava-se de um plantel entrosado e acostumado às vitórias. Eleito em janeiro de 1942, o presidente Manoel Domingues Corrêa cumpriu a missão e conseguiu evitar o êxodo dos principais astros da equipe. Espinha dorsal alvinegra e base da Seleção Paulista, a fortíssima linha média Jango, Dino e Brandão foi mantida, apesar do assédio dos uruguaios do Peñarol ao veterano capitão alvinegro. Também ficaram no Parque São Jorge os avantes Servílio, Teleco e Milani, artilheiro máximo do campeonato de 1941, e o zagueiro Agostinho, sondado pelo São Paulo. De quebra, o Campeão do Centenário ainda trouxe Eduardinho, meia revelação do São Paulo Railway. O sonho do bicampeonato era uma realidade.

Já o São Paulo, que no ano anterior ficara com o vice, investia pesado para finalmente comemorar seu primeiro título paulista em 11 anos. O último – aliás, o único – viera em 1931, época em que o clube ainda atendia por São Paulo da Floresta. Desde sua refundação, em 1935, o tricolor nunca tivera o gostinho de soltar da garganta o grito de campeão. Décio Pacheco Pedroso, presidente reeleito e um dos responsáveis pela volta da boa fase do "Clube da Fé", empossou uma nova diretoria no início de 1942, na qual se destacavam como mentores o tenente Porfírio da Paz, diretor social, e Roberto Gomes Pedrosa, diretor-geral de esportes. Estes tinham urgência urgentíssima em fazer do São Paulo um time finalmente vencedor: 1942 deveria ser o ano do tricolor.

Rubens Ulhôa Cintra, do jornal *O Globo Sportivo*, do Rio de Janeiro, elencou as razões que moviam os cartolas do clube das três cores, em texto devidamente reproduzido pela revista *Arakan*, órgão da torcida são-paulina, em novembro de 1941. "Nenhum outro clube precisa, como o São Paulo, de um título de campeão. Os outros querem ser campeões para satisfazer a sua torcida; podemos dizer que querem o título por vaidade, mas o São Paulo precisa do campeonato por uma necessidade premente, para poder subsistir, pois a sua situação não poderá continuar assim indefinidamente. Um dia esse seu público poderá ficar cansado, aborrecer-se de não ter campo, só possuir uma sede pequena, de não poder dizer que seu clube é campeão. O título, para o São Paulo, adquire assim uma importância extraordinária, muito maior do que apresenta para os demais."

Para consertar a defesa, considerada o ponto fraco da equipe, os tricolores foram buscar na Portuguesa Santista o zagueiro Virgílio, integrante da Seleção Paulista campeã nacional. Trouxeram também o centro-médio uruguaio Ramón e o ponta gaúcho Pardal, que defendiam as cores do Brasil de Pelotas, e o médio-esquerdo Silva, ex-São Paulo Railway. Mas o entusiasmo e a confiança dos são-paulinos explodiram mesmo quando se concretizou o retorno de dois antigos ídolos da meia-cancha tricolor. Luizinho, que se desligara judicialmente do Palestra Italia em 1941, reassumiu o posto de capitão na equipe que defendeu durante boa parte da década de 1930. Para fazer dupla com Luizinho, retornava o não menos experiente Waldemar de Brito, apelidado "Bailarino da Floresta" em seus tempos áureos, que passara quase uma década desfilando seu futebol pelo Rio de Janeiro e pela Argentina. Estava assim restabelecida a "ala diabólica" dos tempos do tricolor da Floresta e da Seleção Brasileira da Copa de 1934, na Suíça.

Outro reforço importante do São Paulo era o retorno de Remo. Em 1941, queixando-se de "males orgânicos" e "perturbações psíquicas", de "influências desastrosas para sua performance técnica", o avante pouco pôde colaborar na conquista do vice-campeonato. Ao final da competição, com o aval do próprio atleta, o presidente Décio Pedroso decidiu interná-lo em um sanatório. Em janeiro de 1942, Remo recebeu alta da instituição e voltou aos treinos imediatamente.

Em que pese o assanhamento são-paulino, a movimentação mais furiosa acontecia mesmo pelos lados da Água Branca. O Palestra Italia, campeão de 1940, havia terminado o certame de 1941 em uma frustrante terceira colocação, posição que nem os paredros – como eram chamados à época os cartolas – nem os torcedores alviverdes consideravam à altura de suas tradições. Liderados pelo presidente Italo Adami, a diretoria, então, arregaçou as mangas e deu início à remodelação do time para a temporada de 1942.

Ainda na virada do ano, a cidade de São Paulo foi surpreendida pela notícia de que Armando Del Debbio, treinador supercampeão com o Corinthians e com a Seleção Paulista, estava trocando o Parque São Jorge pelo Parque Antarctica. Por meio de seu então diretor-geral de esportes, Attilio Ricotti, o Palestra fez uma proposta irrecusável ao técnico, que já estava livre de seu contrato com o Mosqueteiro. Assim, a partir de 1º de janeiro de 1942, Del Debbio se tornou palestrino – e receberia mão de obra de primeira para recolocar o clube no topo do pódio.

Para começar, o alviverde venceu a disputa pela maior revelação do futebol bandeirante em 1941, sonho de dez entre dez clubes brasileiros: o ponteiro-direito Claudio, do Santos e da Seleção Paulista. O Peixe fez jogo duro para liberar o jovem astro, que havia assinado um pré-contrato com os paulistanos no segundo semestre. Mas não teve jeito. Ao final de seu contrato com o alvinegro praiano, em março de 1942, Claudio se juntaria ao time dos periquitos. Cruzando as fronteiras interestaduais em busca de reforços, o Palestra foi ao Rio de Janeiro, onde bateu de frente com Vasco da Gama e América na batalha pelo centroavante Cabeção, destaque do Bonsucesso no Campeonato de 1941. Mais uma vitória. Precavida, a diretoria tratou ainda de antecipar a renovação do contrato de

# O substituto de Gijo

**Oberdan**

Oberdan está substituindo Gijo na meta do Palest[ra...]
jovem, esperto, entusiasta e dotado de imensa vonta[de...]
Oberdan e que o nosso futebol está precisando para [...]

[...]a do Palestra. Veio do Interior do Estado, revelo[u-se...]
[...] imensa vontade de vencer. E ha de triunfar, cert[amente...]
[...]recisando para a melhoria de seu padrão técnic[o...]
———————— de elementos estrangeiros n[...]

[...], revelou-se no segundo quadro e o mesmo vem fazendo no [...]
[...], certamente, si não lhe cortarem a oportunidade. A época é [...]
[...]nico ha muito abalado pelo aproveitamento sistematico de g[...]
[...]rangeiros não menos gastos.

**LIMA**

Cerebro, coração e musculo[s...]
vanguarda Palestrina

*Junqueira*

*Claudio*

**BRANDÃO**

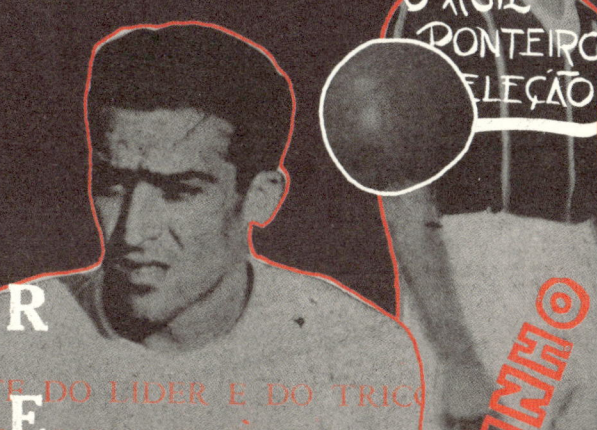

sempre moço
capitão do
...PRIMAVERA...

O ÁGIL
PONTEIRO
SELEÇÃO

REMO

LUIZINHO

S.P.F.C.

ORTE DO LIDER E DO TRIC
NAS MÃOS DO IPIRANGA
RUBRO-AMARELO SANTIST
ERA MODIFICADA A FISION
A DO CAMPEONATO EM SU
ULTIMA RO
DADA DO
TURNO
POSSIBILIDA
DES E CONJE

Lima, que venceria em abril, e assegurou a permanência do ídolo por mais dois anos.

Outros coadjuvantes, como o médio Américo, do São Paulo Railway, também chegavam para dar mais opções ao treinador Del Debbio, que já contava com cartazes experientes, como Junqueira, Begliomini, Del Nero e Echevarrieta, e jovens talentos do quilate de Oberdan e Waldemar Fiúme. Com isso, o Palestra Italia já era candidatíssimo ao campeonato de 1942.

O único problema é que o Palestra Italia ainda não sabia se disputaria o campeonato de 1942.

3

# NA BOLA OU NA BALA

*Nos últimos dois jogos do Campeonato Paulista de 1941,* o time do Palestra Italia tinha duas chances para silenciar as cornetas que decretavam a decadência da equipe campeã em 1940 – um esquadrão irresistível que triunfara na decisão com uma sonora goleada sobre o São Paulo por 4 a 1 e que conquistara o primeiro campeonato profissional disputado no novíssimo Estádio Municipal. A primeira seria, de novo, contra o tricolor, mas agora valendo apenas pelo segundo posto da competição – o título já fora assegurado por antecipação pelo invicto Corinthians, justamente o adversário do alviverde na derradeira rodada do Paulista. Os dois primeiros clássicos contra os rivais haviam terminado empatados; a vitória na reta final em qualquer um deles renovaria o ânimo do torcedor para a temporada vindoura.

Fazendo valer seu mando de campo, a diretoria do Palestra marcou a partida contra o São Paulo para o Parque Antarctica, fato pelo qual recebeu uma saraivada de críticas na semana que antecedeu o espetáculo – como se fosse dos cronistas, e não do clube, a competência e o direito de decidir o local do duelo. Alheio ao esperneio da imprensa esportiva por ver frustrada sua campanha de levar o jogo para o campo neutro do Pacaembu, o time de Caetano de Domenico começou a peleja disposto a recompensar sua torcida pela performance apenas regular no ano. Aos 33 minutos, Echevarrieta abriu o placar: 1 a 0 para os periquitos, que até então controlavam as ações com tranquilidade. Mas a história desse Choque-Rei logo seria alterada.

Quatro minutos depois do gol, escanteio para o São Paulo. Novelli centrou para a área, a zaga afastou para cima e diversos atletas saltaram para disputar a pelota no ar. Ouviu-se, então, um apito. Os jogadores do tricolor já retornavam ao campo de defesa, resignados com a marcação de uma falta de ataque, quando o árbitro carioca Carlos de Oliveira Monteiro, o Tijolo, surpreendeu a todos e apontou a marca da cal. Penalidade máxima contra o Palestra Italia – infração que só o juiz, entre os cerca de 20 mil presentes, viu. "Que loucura cometeu este homem", confessou o presidente do São Paulo, Décio Pedroso, que assistia ao encontro ao lado de Mário Minervino, um dos diretores palestrinos. Hortêncio bateu e igualou o marcador.

Enfurecida, a assistência alviverde despejou uma chuva de laranjas e garrafas no campo, paralisando o espetáculo por quase dez minutos. Um clima pesado tomou conta do Parque Antarctica. Aos 20 minutos do segundo tempo, Novelli virava o jogo para o São Paulo. Tijolo, que já havia anulado um gol de Echevarrieta quando o placar indicava 1 a 1, invalidou no final do jogo outro tento do atacante – e, dessa vez, ainda fez o serviço completo, expulsando o argentino de campo. Para completar a tarde aziaga, Pancho e Pipi se machucaram e o Palestra terminou o prélio com apenas oito elementos.

Ao final da partida, a revolta da torcida e do time alastrou-se pelos gabinetes da diretoria – ainda mais depois que o Departamento de Juízes da Federação Paulista de Futebol classificou oficialmente a arbitragem de Tijolo como "boa". O presidente Italo Adami e o presidente do Grande Conselho alviverde, Raphael Parisi, encararam toda a série de fatos como um desacato ao clube e convocaram, na segunda-feira, uma reunião extraordinária para deliberar sobre a atitude a ser tomada.

E a decisão dos dirigentes, apesar de legítima e garantida pelo regulamento, era extrema: o Palestra Italia, ao final do torneio, pediria licença de um ano à Federação e não participaria do Campeonato de 1942. "Lastimo imensamente tudo o que aconteceu no gramado. Sou dos que não trepidam em receber as decisões do árbitro, porquanto sei que eles são autoridades absolutas em campo, e como tal têm que encontrar apoio de todos, principalmente dos paredros de clubes. Mas, quando surge uma decisão tão estapafúrdia, tão chocante, a prejudicar enormemente os interesses de uma parte litigante, não é possível recebê-la com calma", explicou Mário Minervino ao jornal *O Esporte* de 7 de outubro.

Encarado como uma bomba no cenário futebolístico paulista, o chocante veredito ainda precisava ser referendado pelo Grande Conselho, que se reuniria na quinta-feira, 9 de outubro. Pois o Grande Conselho não apenas confirmou a decisão da diretoria como também determinou que fosse paga a gratificação da vitória aos jogadores alviverdes que participaram do jogo contra o São Paulo – infringindo assim o convênio assinado por todos os clubes no início do campeonato, que regulamentava os valores exatos dos prêmios por vitória e empate e proibia terminantemente qualquer pagamento em caso de derrota. Ambas as decisões causaram revolta

Um enérgico ataque da linha sãopaulina, vendo-se o zagueir

palestrino Begliomini, em espetacular tirada de cabeça

na imprensa, que considerou o pedido de licença uma atitude desequilibrada e o bicho aos atletas uma bofetada moral no São Paulo.

Para os palestrinos, nem uma coisa, nem outra. A fim de mostrar que o afastamento era uma resolução tomada com sensatez e dentro das regras do jogo, a diretoria fez questão de encaminhar ao capitão Padilha um memorial detalhando as circunstâncias e as razões do pedido de licença; para deixar claro que o clube não contestava o resultado final da partida contra o tricolor, enviou ao rival uma nota oficial de congratulações pelo vice-campeonato, assinada pelo secretário Paschoal Walter Byron Giuliano e publicada amplamente nos jornais.

Na ótica dos paredros alviverdes, o afastamento era uma questão de respeito para com a instituição, respaldada em decisões tomadas nos anos de 1918 e 1924 – quando o Palestra Italia, considerando-se menosprezado e desacatado pelos órgãos reguladores do futebol paulista em pendengas com o Club Athletico Paulistano, agremiação da elite da cidade, pediu sua desfiliação da liga. Naquelas ocasiões, a ideia de começar do zero em outra associação futebolística ou mesmo de enfrentar um período de inatividade era menos difícil que a de compactuar com os desmandos e com o preconceito dos quatrocentões contra a colônia italiana e contra a classe trabalhadora paulistana – hipóteses que enojavam os palestrinos.

Ainda assim, no episódio de 1941, a crônica esportiva falava em "pirronismo", em "mentalidade recalcitrante" e em "falso orgulho" das hostes do Palestra, destilando contra elas toda sorte de veneno e maldade – algo que apenas reforçava as afrontas ao clube e que dava aos dirigentes periquitos a certeza de ter tomado a medida correta.

De qualquer forma, se tudo isso ainda não fosse suficiente, Italo Adami, Raphael Parisi e o Grande Conselho

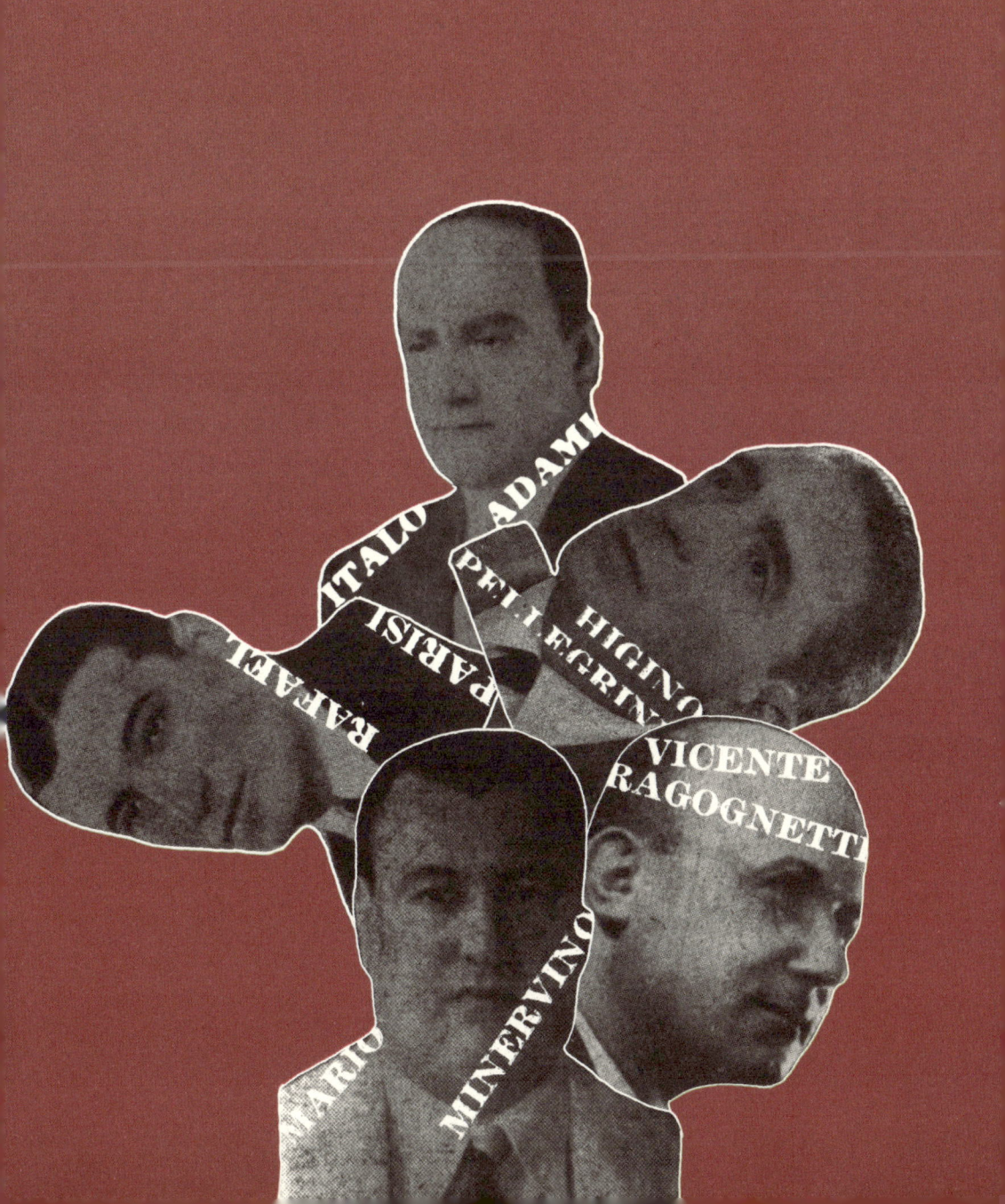

ITALO ADAMI
RAFAEL PARISI
HIGINO PELLEGRINO
VICENTE RAGOGNETTI
MARIO MINERVINO

tinham a bênção do homem que, em 1914, enviara uma carta ao jornal *Fanfulla* convocando esportistas para a formação de um quadro italiano de futebol em São Paulo – missiva que, duas semanas depois, daria origem ao Palestra Italia, sem acento, como no idioma de Dante. Fundador e primeiro diretor esportivo do clube, o jornalista, escritor e boêmio Vicente Ragognetti escrevia na edição de 11 de outubro de seu semanário *Moscardo* que havia chegado a hora de o alviverde deixar de lado o apaziguamento. "O caminho a seguir é trocar de política. A política da vaselina, do eterno 'sim!', da gaveta sempre aberta a todos os vales, do exagerado cavalheirismo para com todos os companheiros de jornada de nada valeu. O Palestra não tem um jornal amigo, um clube amigo, um juiz que lhe seja pelo menos justo, e ninguém reconhece sinceramente a sua força no esporte brasileiro. Então? Trocar de política. Nada de vaselina, nada de 'sim!', nada de gaveta aberta, nada de cavalheirismo. Política dura, 'à bala', como diria o grande brasileiro e grande patriota que foi o marechal Floriano!"

À bala, caros senhores.

No domingo seguinte ao litigioso encontro com o São Paulo, depois de uma semana de contínua turbulência, o Palestra Italia iria a campo para encarar o campeão Corinthians. E enfrentava nova polêmica: o alvinegro Brandão declarou ter sido procurado por agentes ligados ao clube do Parque Antarctica para entregar o jogo. O fato foi veementemente negado pelos palestrinos, que desafiaram o atleta a revelar o nome dos aliciadores. Brandão não o fez, a grave denúncia não foi comprovada e logo caiu no vazio.

Factoides à parte, caso não perdesse para o onze alviverde, o Mosqueteiro, que atravessara todo o campeonato sem ser derrotado, conquistaria a Taça dos Invictos, um dos mais tradicionais e disputados prêmios do futebol paulista. Oficialmente batizado de Taça Gazeta Esportiva, o troféu estava havia quase uma década de posse do Palestra Italia, que acumulara uma carreira de 22 pelejas invicto em jogos de campeonato na temporada 1933-34. E os dirigentes do clube do Parque São Jorge não escondiam de ninguém que já preparavam um verdadeiro cortejo carnavalesco para ir buscá-lo na sede do arquirrival, com direito a confete, serpentina e desfile em carro aberto pelas ruas da cidade.

Mas o único passeio que se viu foi mesmo no Pacaembu, nas cores verde e branco. Com gols de Echevarrieta e Waldemar Fiúme, o Palestra Italia acabou com a pose do Corinthians diante de 40 mil espectadores e manteve a Taça dos Invictos em sua cidadela, naquele que poderia ser o seu adeus provisório das competições oficiais do estado de São Paulo. Como de costume, a celebração alviverde aconteceu no restaurante 1.060, no Brás, onde o diretor Hygino Pellegrini, entre um vinho e outro, cutucava a turma adversária. "Para mim, entre o campeonato e esta vitória, eu preferia esta vitória", discursou. "Veio na horinha H, quando o pessoal que não compreende a fibra dos palestrinos andava por aí propalando que o Palestra fugia... Quem fugiu foi a taça da Gazeta, também na hora H."

O triunfo sobre o alvinegro não alterou a determinação palestrina de ficar de fora do campeonato de 1942, prova de que a decisão não se pautara pelos resultados

Palestra

campeão dos
detentor da taça

# a Itália

## nvictos em 1941

### "Gazeta Esportiva"

dentro do campo – caso contrário, deveria ter sido revertida de imediato, pois a vitória no Derby e a manutenção da Taça dos Invictos valeram como um título para os alviverdes. O assunto quente no Parque Antarctica naquele final de 1941 era uma possível fusão com o Clube Esperia. De fato, a diretoria engatou conversas oficiais com o grêmio da zona Norte e pediu sigilo aos conselheiros envolvidos. Mas foi o mesmo que gritar no meio do Mercado da Cantareira: em pouco tempo, todos já estavam sabendo que uma comissão de palestrinos e esperiotas analisava o caso. O alviverde, que há tempos tentava construir uma piscina em sua sede, aproveitaria a parceria com o Esperia, potência dos esportes aquáticos em São Paulo, para navegar em novos rios.

Em sua edição de 20 de dezembro, o *Moscardo* comentava o assunto. "Houve uma mexida enorme para conter os boatos sobre uma provável fusão entre o Palestra Italia e o Clube Esperia. O que há de verdade nisso? Nada e tudo. Há tempo que os paredros palestrinos, para integralizar de uma vez o Palestra nos clubes genuinamente brasileiros, tendem a tirar o 'Italia' do seu título, e há tempo que o esperiotas tiveram a ordem de sair da Ponte Grande para a retificação do rio Tietê." Caso a união fosse oficializada, o semanário sugeria o nome Palestra Esperia – o que seria trocar seis por meia dúzia, pois Espéria, na Grécia antiga, era o termo usado para denominar a região da Itália. Já *O Esporte* de 24 de dezembro indicava que a preferência era pelo nome Palestra Paulista; entretanto, o periódico do jornalista Lido Piccinini duvidava que o negócio fosse fechado. "Se examinarmos detidamente o assunto e olharmos com acurada atenção para várias faces do problema, encontraremos certos pontos que nos fazem duvidar de algo sobre as vantagens reais que o Palestra auferiria com essa fusão."

A união entre os dois clubes não vingou – e as atenções, então, se voltaram novamente para o futebol alviverde.

Sem competições oficiais pela frente, o Palestra Italia já tinha um plano traçado para a temporada 1942: cair na estrada. As excursões se tornavam marca registrada da equipe, que fazia fama – e engordava o cofre – nos rincões do interior de São Paulo e do Brasil. O diretor João Giannini costumava brincar: "No interior, há uns almocinhos da pontinha com frangos frescos e perus sacudidos. No fim dá tudo em baile: baile no campo com os adversários e baile no salão de dança com as adversárias". Já na capital federal a coisa era mais séria. O carioca Cabeção, quando se apresentou no Parque Antarctica, transmitiu à imprensa o sentimento que o novo time despertava entre seus conterrâneos. "No Rio, respeita-se o Corinthians e o São Paulo, tendo-os na conta do que realmente são: grandes esquadrões. Mas... O Palestra é o mais temido. Derrotar o Palestra é o ideal dos cariocas."

Como a diretoria gastava os tubos na montagem de um elenco de ponta, capaz de disputar palmo a palmo qualquer certame nacional ou internacional, muita gente ficou encafifada com a anunciada ausência do clube no campeonato oficial de São Paulo. Vicente Ragognetti, então, tomou a palavra e escreveu, com sua verve habitual, um artigo explicando a situação na edição de janeiro de 1942 da revista *Vida Esportiva Paulista*.

*Muitos palestrinos de bom quilate e de bom bofe andam intrigados com o desusado movimento que se nota na direção esportiva de seu clube do peito, na azáfama de contratar novos jogadores, de angariar novos treinadores, todos com nomes de cartaz, com a precípua preocupação de formar um esquadrão que se mantenha à altura das tradições da sociedade alviverde. Anda intrigado justamente pelo fato de saber que há um veto do Grande Conselho para que o Palestra não dispute, este ano, o campeonato da categoria dos elementos oficializados.*

*De fato, o caso singular que se registra nas fileiras palestrinas é deveras para intrigar, não somente o palestrino, mas os demais esportistas. É público e notório que os dirigentes do Campeão de 1940 estão se demonstrando de um dinamismo excepcional: mandaram vir jogadores de Buenos Aires, jogadores do Rio de Janeiro, jogadores do interior do estado; há emissários do Palestra nos estados sulinos à cata de "revelações" e de craques, e, finalmente, o Palestra fechou o contrato com o técnico Del Debbio, que é, no momento, no Brasil, o técnico de maior cartaz. Para que tudo isso, se o Palestra, através dos seus órgãos dirigentes, já decidiu não disputar o campeonato oficial de futebol da cidade?*

*Dá para intrigar e cismar. Mas somente ficam intrigados os que pensam que o futebol de um estado limita-se à disputa, às vezes sensaboria, de um campeonato citadino, cujas pelejas de sensação podem contar-se nos dedos da mão. Os outros, não! O futebol é amplidão de missão. O futebol, no Palestra, foi sempre o entrechoque amistoso entre a cidade e o interior, entre um estado e outro, entre o Norte e o Sul, entre o Sul e o Centro. Falam as estatísticas, com seus fatos insofismáveis. Não há clube, no Brasil inteiro, que tenha disputado e que dispute durante um ano de atividades mais jogos do que o Palestra. Foi isto que levou – com razões de sobra – o velho Enrico De Martino a proclamar, urbis et orbis, que o Palestra é "O clube mais popular do Brasil!", e o é mesmo!*

*O Palestra foi convidado para se exibir no Brasil inteiro, em todos os rincões; e foi o único clube de São Paulo que levou as cores de seu pavilhão glorioso nas canchas insidiosas e difíceis de Montevidéu e de Buenos Aires. Ora, o Palestra tem um encargo: o de compor todos os anos, com menor ou maior entusiasmo – conforme o temperamento de seus dirigentes do momento – um esquadrão. Por razões que são de domínio público, o Palestra resolveu, através da sua direção e de seu Grande Conselho, não disputar o campeonato citadino deste ano. O regulamento faculta-lhe este direito. Nesse ínterim, não esquece o seu dever: o de compor o esquadrão. A diretoria esportiva cumpre a sua incumbência com prazer e com paixão. Para que servirá o esquadrão? Para poder jogar um bom futebol em todo o Brasil.*

*Continuem, pois, os diretores do Palestra a formar o seu esquadrão de ferro e de aço; se não servir para o campeonato de sua cidade, servirá, sem dúvida alguma, para levar, a todos os recantos do Brasil, um futebol bem-feito, bem brasileiro, feito por brasileiros!*

Do outro lado da trincheira, percebendo que um torneio sem o alviverde se enfraqueceria demais, todos os clubes do Campeonato Paulista se uniram para enviar um apelo à diretoria palestrina – com exceção do Corinthians, que, sabiamente, deixou o arquirrival à vontade para fazer o que achasse conveniente. Da mesma forma, redatores de esportes e locutores de rádio se juntaram e solicitaram encarecidamente a revogação do veto do Grande Conselho – destaque para o panegírico do jornal *A Tribuna*, de Santos. "Não se compreenderia um campeonato paulista de futebol sem um clube que se chamasse Palestra Italia; sem umas camisas verdes com o 'PI' entrelaçado; faltaria qualquer coisa, faltaria, parece-nos, até, estímulo aos concorrentes ao certame. A luta só se torna vibrante quando grande, capaz é o adversário. E quem negará ao glorioso Palestra Italia todos esses títulos, todas essas honras?"

Paralelamente a tudo isso, alguns dos mentores palestrinos, seguindo o desejo de muitos sócios e torcedores, já haviam começado a reconsiderar o caso. A todos eles incomodava a interpretação, mesmo falsa como uma nota de 3 mil réis, de que o Palestra Italia estaria fugindo à luta. A melhor forma de colocar os pingos nos is era voltar ao campeonato e mostrar a força do clube dentro de campo. Diante disso, o Grande Conselho, mais sensível à voz da torcida do que aos clamores interessados de terceiros, determinou a retirada do veto e a consequente confirmação da participação do time no Campeonato Paulista de 1942.

O Palestra Italia estava de volta.

No início da década de 1940, São Paulo já viajava com os dois pés no bonde do progresso. Um milhão e 300 mil habitantes fervilhavam pelas ruas da capital; as idílicas cabras da rua Direita, herança dos tempos provincianos de Piratininga, haviam sido atropeladas pelos furiosos automóveis que cada vez mais se apossavam da nova paisagem paulistana. Em velocidade impressionante, casebres e prédios antigos eram derrubados, praças e avenidas criadas e alargadas, túneis perfurados e viadutos construídos: tudo para dar à cidade os contornos de uma verdadeira metrópole, capaz de sustentar a explosão populacional, social, cultural e econômica que, àquela altura, já era tida e havida como irreversível.

Essa gigantesca plástica no plano estrutural da cidade era obra de um único e competente cirurgião. Francisco Prestes Maia, renomado engenheiro, arquiteto e urbanista, havia elaborado em 1930, a pedido do então prefeito Pires do Rio, o "Estudo de um plano de avenidas para a cidade de São Paulo" – popularmente conhecido como "Plano de Avenidas" –, que previa a remodelação total do centro urbano da cidade a fim de prepará-la para o crescimento dos anos seguintes. Por contemplar uma série de mudanças radicais, o revolucionário projeto era de complicada implantação. Pires do Rio, então, muito discretamente, optou por colocar o Plano de Avenidas na gaveta – onde repousaria até maio de 1938, quando o próprio Prestes Maia, nomeado por Adhemar de Barros, assumiu a prefeitura.

O pai da criança decidiu chamar para si a responsabilidade de executar as intervenções do projeto, e, sem demora, colocou a máquina da administração municipal para funcionar. Sob sua gestão, deu-se o alargamento da rua Xavier de Toledo e das avenidas Liberdade, Pacaembu e Vieira de Carvalho, bem como a construção do viaduto Jacareí, do túnel da avenida Nove de Julho e da Ponte das Bandeiras. Prestes Maia também entregou, entre outras obras, o Estádio Municipal, o novo edifício da Biblioteca Mario de Andrade e a Galeria Prestes Maia, no subsolo da praça do Patriarca, palco de importantes salões artísticos. Em quatro anos, São Paulo havia, literalmente, mudado de cara.

Tantas transformações acabaram por alterar também alguns dos hábitos e costumes dos paulistanos. Repaginadas para atender à nova configuração da cidade, as vias públicas já perdiam terreno como espaços de convivência. E, em resultado disso, o tradicional carnaval de rua também sofria as consequências do progresso.

Naquele ano de 1942, as batalhas de confete e as guerras de serpentina a céu aberto já estavam fora de moda: a grande atração do Reinado de Momo na capital eram os corsos carnavalescos, filas e filas de carros desfilando em marcha lenta pelas principais ruas da cidade – uma curiosa modalidade de divertimento que colocou para escanteio, na programação oficial, até mesmo os tradicionais préstitos dos clubes carnavalescos bandeirantes, como os Fenianos, os Democráticos e os Tenentes do Diabo. Nos dias 15, 16 e 17, o engarrafamento festivo seguiu pelas avenidas Angélica e São João, pela rua Líbero Badaró, pelo largo de São Francisco, pela rua Cristóvão Colombo e pelas avenidas Brigadeiro Luiz Antônio e Paulista – um roteiro de nove quilômetros, com lugar para 6 mil automóveis em quatro faixas. Era o bloco do monóxido de carbono pedindo passagem.

Afastados das artérias do centro e dos bairros, os foliões pedestres, é claro, encontrariam novas formas de celebrar – e se refugiariam nos salões de clubes, cinemas e associações, em animados bailes que contagiavam toda a Pauliceia. Lord Clube, Som de Cristal, Clube Piratininga, União Lapa, Cine Oberdan. Em qualquer porta que entrasse, o paulistano encontraria uma boa fuzarca.

Na Segunda-Feira Gorda de 15 de fevereiro de 1942, o *Diário Popular* comprovava a animação dos súditos da majestade rotunda. "O Carnaval paulista que se iniciou sábado e teve prosseguimento ontem marcou, internamente, o mais absoluto e abafante sucesso. Enquanto nas ruas e praças a folia quase que esteve ausente, nos salões a festa em homenagem ao Rei Momo foi uma coisa louca. Quer nos clubes, quer nos teatros do centro ou dos arrabaldes, desde as dez horas até alta madrugada, a população cantou e dançou livremente, sem preconceitos de cor, sem distinções de classe, sem a menor etiqueta. Foi uma farra rasgada. Sem o menor exagero, podemos afirmar que mais de cem mil pessoas estiveram sábado e ontem divertindo-se nos bailes por todos os cantos da cidade."

Os sócios do Palestra Italia também mostraram que eram do bolim-bolacho e requebraram os membros nos amplos salões do Casino Antarctica, na rua Anhangabaú, fechado pela diretoria alviverde para duas vesperais e quatro noitadas de galhofa "pra lá de lalíssima". O texto promocional enviado pela diretoria aos jornais não dava outra opção aos bambas: "Caspite! Que gente desenfreada! Isto sim que é Carnaval, e dos puros. Pois é, senhores e senhoras. No Palestra a coisa é desse jeito. Quem for ao Casino Antarctica tem que entrar disposto a duas coisas: se é gordo, a 'derreter' uns quilos de banha. E, se é magro, a 'sumir-se', porque lá o ritmo acelerado dos cordões é de tal monta que ao final da noite o 'cabra' afirma: 'Será que amanhã ainda estarei vivo para voltar aqui?'"

No Casino Antarctica, como em todos os salões do Brasil, reproduziu-se o embate que tomou conta da pagodeira no mundo dos vivos: carecas *versus* cabeleiras. A vitória, incontestável, foi dos pouca-telhas: *Nós, os carecas*, de Osvaldo Santiago e Marques Junior, suplantou com facilidade a bola-murcha *Nós, os cabeleiras*, de Roberto Martins e Benedito Lacerda. *Alô alô América*, de Haroldo Lobo e David Nasser, inspirada nos acontecimentos internacionais, também fez tremendo sucesso entre os foliões.

Para o momento palestrino, porém, era muito mais apropriada a versão que Henricão e Rubens Campos haviam preparado para o clássico mexicano *Cielito lindo*, de Quirino Mendoza, e que Carmem Costa gravara com categoria para aquele Carnaval de 1942. Ai, ai, ai, ai...

*Está chegando a hora.*

# 4

# ADDIO PALESTRA ITALIA

*Em 22 de fevereiro, um dia depois do final das férias* obrigatórias dos atletas, a temporada futebolística de 1942 foi finalmente aberta em São Paulo. Corinthians e Juventus enfrentaram-se amistosamente no moderníssimo estádio Conde Rodolfo Crespi, inaugurado oito meses antes na rua Javari com seus confortáveis vestiários e amplas arquibancadas. E a turma dos camisas grená surpreendeu ao aplicar um legítimo passa-moleque no campeão de 1941: 3 a 0, todos os gols do centroavante Renato, herói que comeria de graça nas cantinas da Mooca até o fim de seus dias.

No entanto, o debute oficial daquele que prometia ser o "ano imperial" do futebol paulista, na definição cunhada por Vicente Ragognetti, aconteceria somente em 1º de março, no Estádio Municipal, com a disputa do Torneio Início da Federação Paulista de Futebol. Em cartaz desde 1919, a tradicional competição reunia todos os clubes do Campeonato Paulista, que se enfrentavam em jogos de sistema eliminatório de duração reduzida – dois tempos de dez minutos, daí o carinhoso apelido de Relâmpago – até que se apurasse o grande campeão. Nos últimos anos, o certame havia perdido parte do seu prestígio, com as agremiações levando para o embate apenas seus quadros reservas. Disposta a devolver ao torneio o brilho de outrora, a FPF havia tratado de vitaminar a disputa com algumas modificações em relação às edições anteriores.

A mais importante delas era uma determinação expressa que obrigava os clubes a levar a campo sua força máxima, garantindo assim a escalação dos titulares. Com isso, as torcidas teriam a oportunidade de ver naquele domingo, pela primeira vez, os grandes times com suas novíssimas formações, depois das mexidas da pré-temporada. Na véspera do evento, o *Correio Paulistano* elencava as atrações do Início e anunciava o grande interesse do público pelo desfile dos clubes profissionais. "A apresentação dos quadros com suas novas aquisições, a falta de competições futebolísticas durante mais de um mês e meio, a rivalidade existente entre os principais quadros e a curiosidade reinante sobre as possibilidades dos concorrentes ao Campeonato Paulista deste ano cooperam para que o espetáculo de amanhã tenha um transcorrer dos mais emocionantes e concorridos."

O sorteio realizado na sede da federação no dia 24 de fevereiro indicara os seguintes jogos, que começariam, pela ordem, a partir das 13h30: Ypiranga x Portuguesa Santista, Comercial x Espanha, Santos x São Paulo Railway, Juventus x Palestra Italia e São Paulo x Portuguesa de Esportes. Defensor do título estadual – e também do Torneio Início –, o Corinthians entraria somente no sexto jogo, enfrentando o vencedor do prélio de abertura. O emparelhamento dos confrontos já previa uma disputa entre o Trio de Ferro na segunda rodada, caso Palestra Italia e São Paulo vencessem os seus jogos.

Uma grande expectativa tomava conta da cidade para a primeira tarde de gala do esporte-rei em 1942, que daria ao campeão a Taça Paulo Meirelles, homenagem ao dirigente que segurou as pontas na Federação Paulista de Futebol durante o complicado período de transição de diretorias. Na tarde de 1º de março, as dependências do Pacaembu estavam praticamente tomadas, gerando uma renda recorde de mais de 83 contos de réis, a maior já registrada na história dos Relâmpagos. Uma tremenda festa, da qual apenas um participante destoava: por motivos que escaparam à compreensão da imprensa, do público e dos organizadores, o São Paulo desobedeceu o regulamento da competição e levou a campo uma equipe reserva – "um conjunto bem medíocre", na definição da *Folha da Manhã*.

Como resultado, o time de Décio Pedroso acabou levando fumo logo de cara: 1 a 0 para os lusos, que, juntamente com Ypiranga, Espanha, Santos e Palestra Italia, saíram vitoriosos em seus jogos iniciais – o alviverde bateu o Juventus por 2 a 1, gols de Cabeção e Pipi, com Renato descontando para o Moleque Travesso. Favorecidos pelo sorteio, Palestra e Portuguesa já estavam classificados para as semifinais, enquanto Santos e Corinthians ainda precisariam enfrentar, respectivamente, Espanha e Ypiranga – obstáculos que, contudo, superaram sem dificuldade.

O primeiro duelo por vaga na final aconteceu entre os alviverdes do Parque Antarctica e os rubro-verdes do Cambuci, naquela que seria a partida mais emocionante de toda a tarde esportiva. Desde a primeira etapa, os dois times se lançaram à frente, dando vida a um jogo veloz e equilibrado – mas que, nos primeiros dez minutos, não resultou em tentos. Foi apenas após a troca de lado que saiu o primeiro zero do placar: Echevarrieta cruzou e Lima subiu soberano para testar com firmeza para as redes de Rodrigues. A Portuguesa não se abalou e manteve o plano inicial, atacando

**CABEÇÃO TRABALHA**

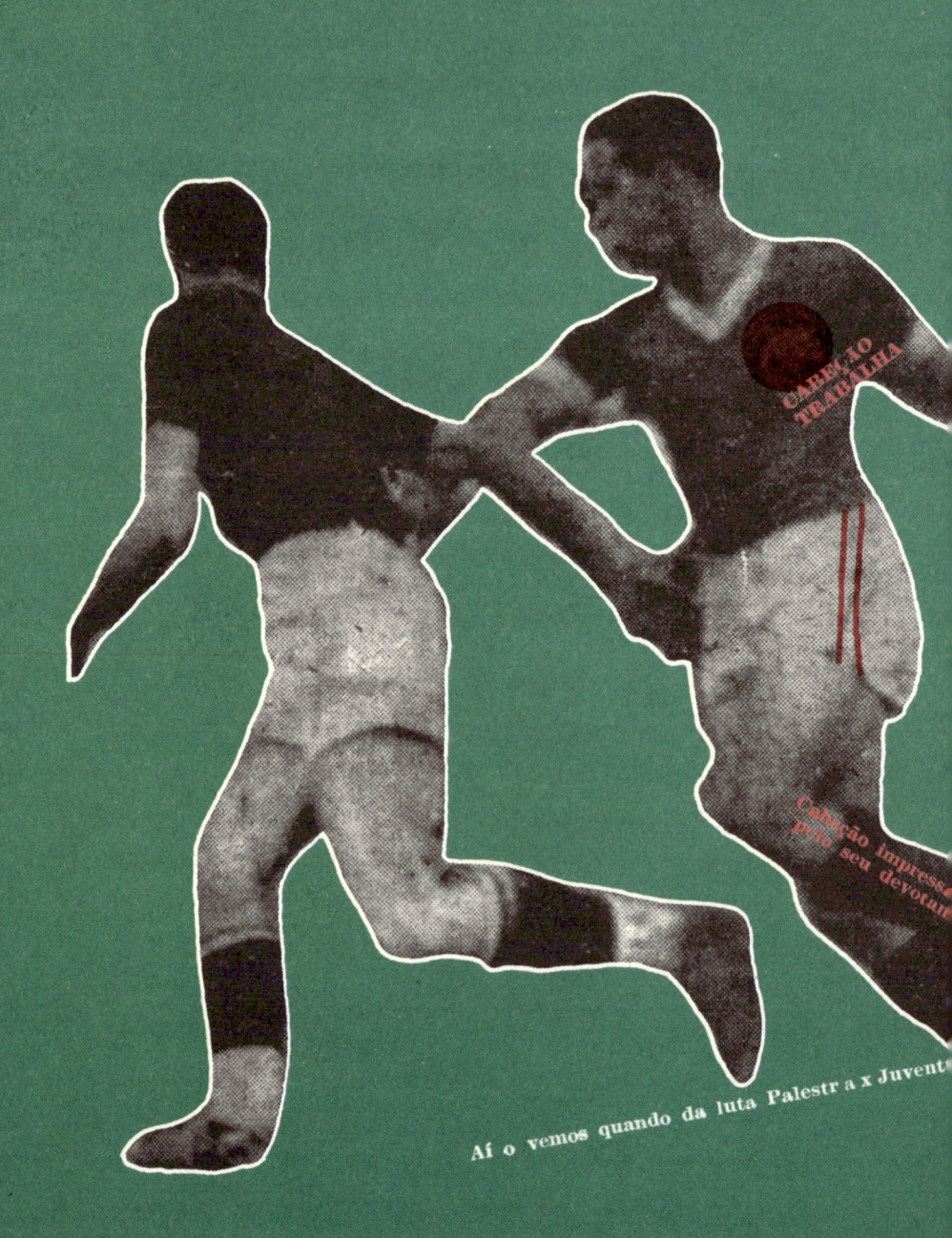

Cabeção impressa
pelo seu devotam

Aí o vemos quando da luta Palestr a x Juvent

de forma inteligente e bem ordenada. Tanto fez que, aos seis minutos, conseguiu o empate, de pênalti, com Luizinho. A igualdade no tempo regulamentar já parecia consolidada quando, a dois minutos do fim, o Palestra conseguiu um escanteio. Em uma repetição da jogada do primeiro tento, Echevarrieta cruzou para a cabeçada de Lima. O goleiro Rodrigues foi vencido novamente, mas o zagueiro Pepino, em cima da linha, evitou o gol... Por um instante. Waldemar Fiúme, com vontade indômita, apanhou o rebote e explodiu o balão para dentro da meta, selando a vitória.

Os periquitos então esperariam de camarote o vencedor do prélio entre os alvinegros de São Paulo e da Baixada. Buscando sua terceira vitória no certame, o Peixe partiu para cima do Corinthians e teve as melhores oportunidades, sendo finalmente recompensado com um gol aos cinco minutos do segundo tempo. O talentoso meia-esquerda Antoninho ziguezagueou pela zaga adversária e serviu, com açúcar, para o avante Rui, que atirou forte, já dentro da pequena área, contra a meta de Rato. O goleiro caiu para fazer a defesa mas não conseguiu encaixar a bola, que lhe escapou e cruzou a linha. Rato ainda recolheria a pelota, mas o juiz Jorge de Lima, o popular Joreca, já havia anotado o gol, não contestado pelos atletas corintianos. Para surpresa da assistência presente no Estádio Municipal, o "campeão da técnica e da disciplina" avançava à final.

Precisamente às 17h55, o árbitro José Alexandrino autorizou o início da decisão entre Palestra Italia e Santos – que, de acordo com o regulamento, teria duração dobrada, com dois tempos de vinte minutos. A saída foi da esquadra alviverde, que parecia ter treinado um plano para pegar desprevenida a defesa adversária: Cabeção disparou como uma flecha para o ataque e foi lançado por Echevarrieta. José, o arqueiro praiano, saiu para buscar mas não agarrou o esférico, que sobrou para o arremate certeiro de Cabeção, rente ao poste esquerdo. Palestra 1 a 0, com menos de 30 segundos de jogo.

Mas enganou-se quem pensou que o gol relâmpago prenunciaria uma canja para os paulistanos. No restante da etapa inicial, o Santos pressionou o adversário com ímpeto extraordinário, assediando colericamente a meta alviverde nos 19 minutos e 30 segundos que se seguiram ao tento – tanto que *O Esporte* recorreu a uma endiabrada metáfora para definir o primeiro tempo do prélio. "Sim, leitor amigo, ontem alguém no Pacaembu sentiu em toda sua plenitude os efeitos do calor santista. E esse alguém foram os defensores palestrinos. Os alviesmeraldinos abafaram-se de tal maneira que o Inferno de Dante, se lá estivessem estado alguma vez, deveria ter-lhes parecido um delicioso e suave recanto refrigerante."

Mas os lúciferes da Baixada encontraram na zaga Junqueira-Begliomini e no arqueiro Clodô, que substituiu o lesionado Oberdan, seus antagonistas máximos. Em uma performance celestial, a retaguarda palestrina resistiu às investidas do Santos – que contava pela última vez com a presença do ponteiro Claudio – e conseguiu segurar o placar no primeiro tempo. No segundo, a meia cancha e o ataque alviverde trataram de voltar ao jogo e equilibrar as ações, garantindo o 1 a 0 que deu ao Palestra Italia de Clodô; Junqueira e Begliomini; Oliveira, Goliardo e Del Nero; Echevarrieta, Waldemar, Cabeção, Lima e Pipi o título máximo do Torneio Início de 1942.

Ao final da tarde esportiva, com a torcida alviverde em êxtase nas arquibancadas, Junqueira recebeu do próprio Paulo Meirelles a taça de campeão no gramado do Pacaembu. Do alto de seus 32 anos, 11 deles integralmente dedicados à jaqueta esmeraldina, com a qual vencera os campeonatos de 1932, 1933, 1934, 1936 e 1940, o capitão era um dos orgulhos maiores da gente palestrina.

Um atleta de brios, um líder de classe, um homem de caráter. Simbolicamente, não havia, pois, mãos mais perfeitas para receber o último troféu da história do Palestra Italia do que as de mestre Junqueira.

O regulamento do Relâmpago de 1942 trouxe uma inovação que deu muito pano pra manga entre os entendidos do esporte bretão. Inspirada num método em uso na Argentina, a Federação Paulista de Futebol instituiu, pela primeira vez no futebol brasileiro, a disputa de pênaltis para determinar o vencedor de uma partida terminada em igualdade. Vista como "excêntrica" pela maioria do público e da imprensa, a cobrança de tiros livres foi muito esperada – mas seria aplicada apenas uma vez, no duelo entre Comercial e Espanha, na primeira rodada, finalizado sem a abertura da contagem.

Como previsto pelo regulamento, todos os atletas deixaram a cancha, com exceção dos dois goleiros e de dois jogadores de linha; estes bateriam, cada um, três penalidades da marca de 11 metros. O comercialino Romeu, que teve a primazia de inaugurar o sistema, converteu apenas duas cobranças – a terceira foi defendida pelo arqueiro Nelson. Por sua vez, Bemba, do Espanha, anotou suas três e garantiu a vitória do Leão do Macuco.

A torcida presente no Pacaembu aprovou, mas o mesmo não se pode dizer da *Gazeta Esportiva*. No balanço final do Torneio Início, em sua edição de 2 de março, o prestigioso periódico de Cásper Líbero saiu da linha e vociferou contra a prática, definida como "assaz estapafúrdia, bastante ilógica e verdadeiramente irracional". Impiedoso, o jornal clamou sem pudores pela expurgação do sistema.

O XI PALESTRINO - CAMPEÃO D

VICE: SANTOS F. C.

TORNEIO INICIO

Capitão alvi-verde, JUNQUEIRA, ao receber o troféo do Torneio Início, 1º do corre(nte)

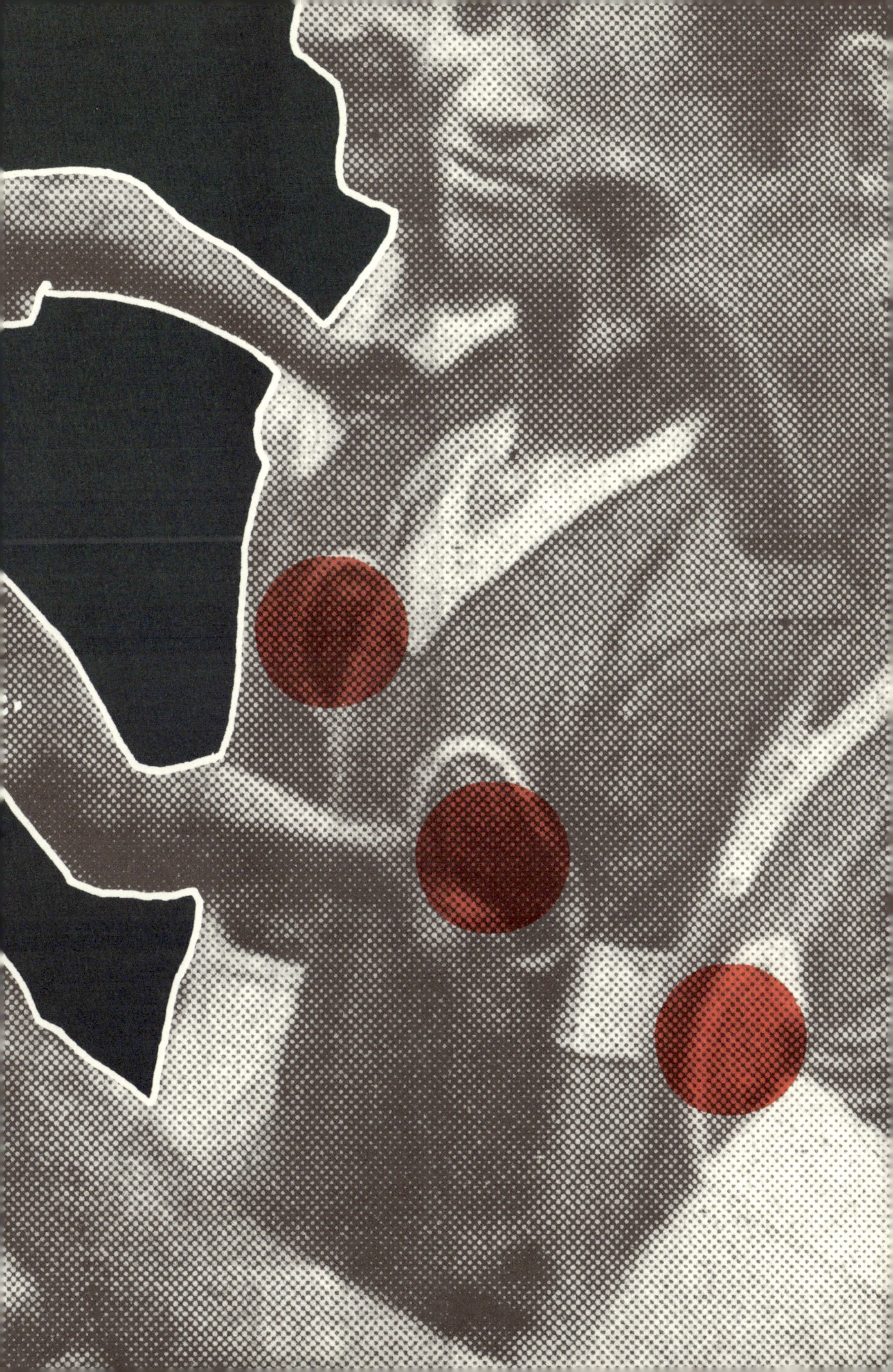

"A novidade não pode ser devidamente apreciada por essas plagas. E oxalá não o seja tão cedo, para o bem de nosso futebol e para o próprio prestígio do tiro livre, que não pode e não deve ser atirado à vala comum das coisas inúteis e pitorescas do divertidíssimo esporte da multidões." Uau.

Um intervalo de três semanas separaria o Torneio Início do início propriamente dito do Campeonato Paulista, cuja primeira rodada aconteceria em 22 de março com três partidas: São Paulo Railway x Santos, Espanha x Portuguesa de Esportes e Juventus x Portuguesa Santista. O São Paulo estrearia na semana seguinte, contra o Comercial, enquanto Palestra Italia e Corinthians só entrariam em campo em abril – contra Comercial e Portuguesa Santista, nos dias 4 e 5, respectivamente.

Nesse período, contudo, não faltaria futebol à ansiosa torcida paulistana. A ação estaria garantida com a disputa do Torneio Quinela de Ouro – ou Torneio das Cinco Estrelas, ou Torneio da Quina de Ases, ou Torneio dos Cinco Esquadrões, ou Torneio Noturno São Paulo-Rio. Os nomes-fantasia eram muitos, mas o campeonato um só, e nem tão importante assim: tratava-se de um pentagonal papa-níquel que reuniria, em partidas noturnas no Pacaembu, de 8 a 28 de março, o Trio de Ferro mais o Flamengo e o Fluminense, vindos diretamente do Rio de Janeiro.

Inédito na capital paulista, o duelo entre os rivais cariocas, marcado para o dia 11 de março, prometia ser um dos pontos altos do certame. Mas o primeiro Fla-Flu da história da Terra da Garoa foi adiado... pela chuva. Um dilúvio forçou o adiamento da partida em 24 horas; quando os times finalmente foram a campo, diante de um público encolhido, novo toró e um pouco brilhante 0 a 0 no placar final. Emoções, apenas nas cenas de pugilato. Para segurar o rubro-negro, que como bom clube de regatas se adaptou melhor ao aquático gramado, o tricolor fez a opção pelo jogo violento e desceu o sarrafo nos rivais. O juiz carioca Carlos de Oliveira Monteiro, o Tijolo – sim, aquele – expulsou Pirillo, do Fla, e Spinelli, do Flu, para tentar conter os ânimos. Em vão.

Com as rendas da Quinela a rechear os cofres dos clubes, a diretoria do Palestra Italia, sem se iludir com o título do Relâmpago, seguiu vasculhando o mercado em busca de mais reforços. Sua empreitada foi produtiva: além de Claudio, que finalmente estava livre para vestir a camisa verde, três novos periquitos pousariam em março no Parque Antarctica. Da Portuguesa Santista, vinha Celestino, um dos pilares da sólida retaguarda da Briosa no ano anterior. Do Internacional de Porto Alegre, chegava um talentoso jovem médio-direito, integrante da Seleção Gaúcha e considerado nos pampas uma das maiores promessas do futebol brasileiro. Era Brandão – Osvaldo Brandão.

Por fim, a contratação mais comentada. Diretamente do Rio de Janeiro, mais precisamente das Laranjeiras, o renomado centro-médio Og Moreira, de 27 anos, desembarcava no Palestra Italia em uma troca envolvendo o goleiro Gijo, titular do time nos dois anos anteriores mas rebaixado por Del Debbio a terceiro reserva devido à ascensão de Oberdan e à boa fase de Clodô. Campeão brasileiro duas vezes com a Seleção Carioca, com passagens pelo América e pelo Racing, de Buenos Aires, Og também não vinha sendo lá muito aproveitado no Fluminense. Apesar de todo seu cartaz – ou justamente talvez por causa dele –, caíra em desgraça com o manhoso técnico uruguaio Ondino Viera e pouco jogara pelo tricolor na campanha de 1941.

Dessa forma, as condições técnicas e atléticas de Og eram uma incógnita. Escaldados, os cartolas alviverdes acertaram com seus pares tricolores um período de experiência de uma semana; caso Og não agradasse nos treinamentos, tchau e bênção. Mas o que a comissão técnica alviverde viu foi um jogador em plena forma e disposto a se reencontrar com a pelota. Sua integração, assim, foi devidamente efetivada.

As dúvidas que cercavam a chegada do craque, contudo, não se encerravam no cenário esportivo. Embora o assunto não tenha sido abordado abertamente pela imprensa, a negociação causou burburinho pelo fato de Og Moreira ser o primeiro negro a vestir a camisa do Palestra Italia em 27 anos de existência do clube. No início dos anos 1940, a maioria absoluta das agremiações brasileiras já seguira o exemplo de Bangu, Vasco da Gama e Ponte Preta – os pioneiros a superar a barreira racial, ainda nas primeiras décadas do século –, tendo aberto suas fileiras para futebolistas negros. Em São Paulo, muitos apostavam que Og não teria vida fácil no Palestra Italia por causa de um suposto preconceito dos palestrinos com a cor de sua pele.

Estavam, contudo, errados. Em pouco tempo, o craque viraria maestro da equipe e xodó da torcida, que lhe daria o carinhoso apelido de "Toscanini" – emprestado do famoso italiano Arturo Toscanini, um dos mais conhecidos regentes do planeta na primeira metade do século.

Assim, a menos de um mês da estreia no Campeonato Paulista, Armando Del Debbio tinha nas mãos um elenco de primeira linha. Para o gol, Oberdan ou Clodô. Na zaga, além de Junqueira e Begliomini, colocavam-se à disposição Celestino e o veterano Carnera. Para as três posições da linha média, o treinador contava com Og Moreira, Del Nero, Brandão, Oliveira, Gengo e Américo. Opções também não faltavam para o quinteto ofensivo: Lima, Claudio,

Waldemar Fiúme, Echevarrieta, Cabeção, Pipi e Gabardinho. Com esse plantel de escol, os torcedores, entusiasmados, se perguntavam: quem poderia parar o Palestra Italia?

Os submarinos alemães.

Em janeiro de 1942, os Estados Unidos, recém-ingressados na guerra, haviam sido finalmente apresentados às gentilezas do manual nazista de boas-vindas. Uma frota de cinco *Unterseeboots*, os mortais submarinos de Adolf Hitler, estacionou na costa leste norte-americana para uma temporada de caça às embarcações comerciais que por ali navegavam. Entrava em curso a operação *Paukenschlag*, o "rufar dos tambores", arquitetada para perturbar as principais rotas marítimas da região e comprometer o fornecimento de suprimentos entre as nações aliadas. Comandado pelo almirante Karl Dönitz, o plano foi um sucesso: aproveitando-se da imperícia da marinha dos Estados Unidos na guerra submarina, os *U-boots* torpedearam e afundaram cerca de 30 navios, todos sem aviso prévio, retornando a suas bases na França no começo de fevereiro com a glória do dever cumprido.

As ocorrências levaram o medo a cidades como Nova York, Atlantic City e Miami, que não imaginavam ver, ao menos tão cedo, a guerra no quintal de casa. Exultante com o impacto militar e psicológico da manobra, o *Führer* decidiu liberar boa parte de sua manada de lobos do mar para continuar aterrorizando os ianques. Novas levas de submarinos foram despachadas em direção ao Atlântico Norte, onde produziram estragos atrás de estragos. Um dos mais notáveis aconteceu na última semana de fevereiro: quatro *U-boots* avistaram um comboio aliado a

**Begliomini**

"mascotes"

- Del Nero -

OG

WALDEMAR! WALDEMAR! esperança Palestrina!

Echevarrieta

OBERDAN! a nova e grande esperança palestrina de a esplendida afirmação alvi-verde de hoje...

600 milhas de Cabo Race, no Canadá, e, em uma ação cirúrgica, abateram nada menos do que oito navios, dois deles tanques, provocando mais de 200 mortes e um prejuízo tamanho-família para a máquina de guerra ocidental.

A essas alturas, também o Brasil, alinhado com os Estados Unidos, já havia entrado na mira letal do periscópio germânico. Em 16 de fevereiro, o vapor Buarque, da Companhia de Navegação Lloyd Brasileiro, que fazia a rota Rio de Janeiro-La Guaira-Nova York, foi atingido por dois torpedos disparados pelo U-432 e sucumbiu a 30 milhas de Cape Henry, na Virgínia, com seu enorme carregamento de café, cacau, mamona, algodão e couro. Um passageiro, o português Manuel Rodrigues Gomes, morreu em consequência de ataque cardíaco; as 84 pessoas restantes – 73 tripulantes e 11 passageiros – foram resgatadas com vida. Três dias depois, foi a vez do Olinda, da Companhia Carbonífera Rio-Grandense, levar chumbo do mesmo U-432. O cargueiro, que saíra de Recife em direção a Nova York, mergulhou na costa da Virgínia com quase 54 mil sacas de café. Desta vez não houve vítimas: os 46 tripulantes abandonaram o navio em dois botes salva-vidas e foram recolhidos depois de 24 horas à deriva.

A resposta das autoridades brasileiras aos afundamentos foi nula. Ou quase isso. Para tentar minimizar a chance de um novo ataque, o comandante Fróis da Fonseca, presidente da Comissão da Marinha Mercante Brasileira, determinou que todas as embarcações trafegassem às escuras, pintadas de cinza e sem bandeira de identificação – os finados Buarque e o Olinda viajavam ostentando o pavilhão nacional no casco.

A Alemanha, claro, não deu a menor bola. E as naus da marinha mercante brasileira seguiam como alvo da fúria traiçoeira dos *U-boots*, que se esmeravam em transformar as águas frias do Atlântico Norte em um cemitério de embarcações: apenas entre janeiro e fevereiro, mais de 100 delas, de diversas nacionalidades, foram afundadas. No dia 7 de março, chegou a vez do Arabutan. De propriedade de Pedro Brandão, o navio, que levara uma carga de algodão aos Estados Unidos, retornava ao Brasil com quase 10 mil toneladas de carvão e 55 tripulantes. Torpedeado pelo U-155, soçobrou a 81 milhas do Cabo Hatteras, na Carolina do Norte, vitimando o enfermeiro de bordo Manuel Florêncio Coimbra.

Nenhum dos afundamentos, contudo, seria tão dramático quando o do Cairu, vapor do Lloyd que transportava 75 tripulantes, 14 passageiros e uma carga composta por café, mamona, algodão, piaçava, cacau e produtos farmacêuticos. Capitaneado por José Moreira Pequeno, foi avistado na madrugada de 9 de março pelo U-94, a cerca de 130 milhas da costa de Nova York, e imediatamente torpedeado. Houve tempo para que todos os tripulantes e passageiros conseguissem abandonar o Cairu nos botes salva-vidas. Mas seu drama estava apenas começando: uma tempestade abateu-se sobre a região, fazendo que a chuva forte, as rajadas de vento e as ondas colossais transformassem o resgate dos náufragos em uma odisseia, que só acabaria dois dias depois com a confirmação de que 53 pessoas, de um total de 89, não sobreviveram à desdita jornada.

As quatro agressões a navios brasileiros pacíficos e desarmados e a morte de 55 pessoas em pouco menos de um mês não foram suficientes para que o país declarasse guerra ao Eixo, apesar de toda a pressão dos emissários dos Estados Unidos – houve quem jurasse de pés juntos que os afundamentos eram obra dos norte-americanos, interessados em empurrar o Palácio do Catete à batalha.

Para dar uma satisfação à nação, Getúlio Vargas optou por atacar, sim – mas somente o bolso dos "súditos do Eixo" no Brasil.

Em 11 de março de 1942, o presidente anunciou o confisco de parte do patrimônio de alemães, japoneses e italianos como forma de indenização pelos ataques passados e futuros contra os bens do Estado e a vida de brasileiros. Entrava em vigor o decreto 4.166, no qual o governo federal determinava a transferência para o Banco do Brasil de até 30% de todos os depósitos bancários ou obrigações de natureza patrimonial de pessoas físicas ou jurídicas provenientes dos países do Eixo, justamente para cobrir os prejuízos decorrentes dos atos de agressão. Além disso, os bens das sociedades culturais ou recreativas formadas por integrantes dessas nacionalidades seriam utilizados conforme a vontade e a necessidade do "interesse público" – leia-se, claro, do Estado Novo.

Repercutida por manchetes em letras garrafais, a medida aumentou a animosidade contra os estrangeiros e seus descendentes, latente desde o início da guerra. No dia seguinte à instituição do decreto 4.166, os jornais noticiaram que propriedades de alemães, italianos e japoneses haviam sido depredadas no centro do Rio de Janeiro, em cenas que se repetiriam, nos dias e semanas subsequentes, em algumas cidades do país. Qualquer um que arrastasse um sotaque italiano ou alemão ou tivesse olhos puxados já era visto como inimigo da pátria – um legítimo quinta-coluna.

(O termo, que estava na ordem do dia em todo o planeta, surgira em agosto de 1936, durante a Guerra Civil Espanhola, a partir de uma declaração do general nacionalista Emilio Mola. Prestes a invadir Madri com as quatro colunas de seu exército, o comandante afirmou contar ainda com uma quinta coluna, dentro da capital, composta por partidários infiltrados que o ajudariam a vencer o governo republicano e tomar posse da cidade. A partir de então, atribuiu-se o epíteto a todo indivíduo que atuasse dissimuladamente no território inimigo, espionando ou preparando o terreno para uma invasão.)

Sob a ótica getulista, o decreto 4.166 foi um golpe de mestre, que matou dois coelhos com uma cajadada só. Em primeiro lugar, porque atendeu, ao menos momentaneamente, o apelo de uma opinião pública ansiosa por algum tipo de reação contra os bárbaros ataques nazistas. Em segundo, e principalmente, porque tirou o foco da população de seus reais adversários – Hitler e Mussolini, contra os quais o presidente não podia nem queria lutar –, e o direcionou para um grupo de cidadãos com pouca (ou nenhuma) culpa no cartório, transformando-o em inimigos sobre os quais a máquina governista poderia exercer total controle.

Não foram poucos, porém, os brasileiros críticos do decreto. "Ali foram confundidos, de cambulhada, no mesmo anátema, sujeitos a iguais penas e ameaças, todos os súditos do Eixo, todos, sem nenhuma exceção, quando sabemos que há no Brasil italianos e alemães livres, principalmente centenas de italianos antifascistas, cidadãos que sempre viveram exemplarmente no nosso meio, solidários conosco econômica e politicamente", escreveu Maurício Goulart na edição de 19 de março de 1942 da *Diretrizes* – revista fundada em 1938 por Samuel Wainer e de conteúdo "subliminarmente contrário à ditadura", na definição do jornalista Joel Silveira, também integrante da redação.

"Como, então, os responsabilizaremos agora pelos crimes de Hitler e Mussolini? Mesmo que fosse esta uma guerra puramente econômica, de uns países contra outros, não seria justo se o fizéssemos. Tanto mais quando o que se verifica no mundo é uma luta de ideologias e princípios: de um lado, numa das barricadas, os que defendem a liberdade e a democracia; do outro lado, os que a querem banir da face da terra. É claro que dentro desse quadro haverá alguns estrangeiros menos perigosos para o Brasil do que, desgraçadamente e para vergonha nossa, alguns maus brasileiros. Era o que o imenso Thomas Mann, embora alemão, tinha a coragem de proclamar outro dia nos Estados Unidos: 'Nesta hora, sou mais americano do que muitos americanos!'"

Sociedade nacional de fato e de direito, plenamente integrada à vida cultural e esportiva de São Paulo e do Brasil, o Palestra Italia funcionava com todos os registros e licenças dos órgãos reguladores municipais, estaduais e federais. Apesar de sua herança italiana – jamais renegada por seus seguidores –, o clube, na ação inexorável do tempo, havia ficado cada vez mais brasileiro. Ao contrário da *vecchia società* das primeiras décadas, na qual a maioria absoluta dos sócios era composta por *oriundi* e até as atas eram registradas em italiano, o Palestra dos anos 1940 era tão verde-amarelo quanto seus pares paulistanos: uma agremiação da cidade, tocada por gente da nova geração, da nova e miscigenada metrópole. O clube, inclusive, contava com a torcida de muitos negros, nordestinos e imigrantes de várias cores e credos, que encontraram no Palestra Italia um poderoso símbolo de resistência contra o preconceito da elite paulistana.

Mesmo com tudo isso, a diretoria tinha total consciência de que o nome da entidade e a origem de seus fundadores poderiam provocar, em tempos de guerra, uma circunstância perigosa para o alviverde – deixando-o suscetível à ação dos oportunistas que, historicamente, costumam aparecer em estados de exceção para rapinar o patrimônio alheio. Não à toa, já na virada da década de 1930 para 1940 alguns paredros haviam começado a ventilar a ideia da supressão do "Italia" do nome da agremiação. A proposta, porém, não era nem de perto consensual – e o fato de o ministro da Justiça, Francisco Campos, ter expressamente dado ao Palestra permissão para manter o termo em sua denominação forneceu um argumento sólido para a turma do como-está-fica.

A situação começou a mudar no início de 1942, quando já estava claro que o governo brasileiro decidira entrar na briga contra o Eixo. A Superintendência de Segurança Política e Social de São Paulo, seguindo uma orientação do ministério da Justiça, que demandava maior controle em sociedades esportivas nacionalizadas ou estrangeiras, intimou diversas agremiações de origem italiana e alemã para prestar esclarecimentos a respeito de seu funcionamento – receberam a notificação, entre outros, o Sport Club Germânia, a Associação Alemã de Esportes, o Clube Esperia, a Organização Nacional Desportiva e o Palestra Italia.

Secretário-geral do alviverde, Paschoal Walter Byron Giuliano compareceu em 21 de janeiro à Delegacia de Ordem Política e Social para cumprir a convocação. Uma das jovens lideranças do Palestra, o paulistano de 26 anos ouviu do delegado adjunto Elpídio Reali que, a partir de então, o clube teria de comunicar àquela delegacia a realização de toda e qualquer reunião com antecedência de três dias, para que se pudesse providenciar a presença de uma autoridade no local. Ficavam também terminantemente proibidas reuniões fora da sede da Água Branca. Antes de deixar a central, Giuliano entregou ao agente uma cópia do estatuto do Palestra Italia e uma relação dos membros da diretoria para o biênio 1941-1942, toda composta por brasileiros natos, com exceção de três italianos – o que atendia com sobras ao *quantum* exigido até então pela lei brasileira.

Não por coincidência, logo após essa intimação, os ventos da mudança sopraram com vigor pelos lados do Parque Antarctica. Ainda no final de janeiro, Roberto Lagorio, 2º tesoureiro do clube, Caetano Marengo, ecônomo, e Attilio Ricotti, diretor geral de esportes – os três estrangeiros da diretoria – pediram demissão de seus cargos. Alduino Biagioni, 2º secretário, apesar de brasileiro por título declaratório, também apresentou seu pedido de afastamento. Na noite de 2 de fevereiro, em uma grande e decisiva reunião com a presença de um representante da Diretoria de Esportes do Estado de São Paulo, o corpo diretivo palestrino foi além e apresentou sua demissão coletiva – de forma que pudesse ser composta, desde o princípio, uma equipe avalizada pelos órgãos competentes.

Por unanimidade, conduziu-se novamente Italo Adami à cadeira de presidente, com a missão precípua de montar uma nova diretoria. Decidiu-se também pela dissolução do Grande Conselho, cuja composição batia na casa de centenas de integrantes, e a formação, atendendo à recomendação do capitão Sylvio de Magalhães Padilha, de um Conselho Deliberativo, com um número reduzido de participantes e sem o mesmo poder de decisão de seu antecessor. Para finalizar, uma comissão de cinco conselheiros – Paschoal Giuliano, Eugênio Malzoni, Artur Tarantino, Francisco Gayoto e Mário Beni – foi criada para estudar a reforma dos estatutos da agremiação, sempre sob os olhares dos valorosos bedéis de Getúlio Vargas.

As razões de tal postura zelosa ficariam explícitas no dia seguinte, 3 de fevereiro, quando as páginas do *Diário Oficial do Estado de São Paulo* trouxeram a publicação da Portaria 2 da Diretoria de Esportes – escancarando as orientações que já vinham sendo dadas nas delegacias aos representantes de clubes. "As sociedades esportivas que não se nacionalizarem nos termos da legislação em vigor, bem como as estrangeiras, serão dirigidas, fiscalizadas ou mesmo terão cassados os seus registros por esta Diretoria, de acordo com as conveniências. As sociedades que tenham sócios estrangeiros, brasileiros naturalizados ou brasileiros de ascendência estrangeira serão fiscalizadas, não só no que diz respeito às suas atividades como à sua economia. As referidas sociedades terão o alvará de funcionamento suspenso ou negado quando algum dos membros da diretoria, estrangeiro ou brasileiro, não parecer suficientemente zeloso dos interesses nacionais."

Como se vê, não era suficiente *ser* zeloso dos interesses nacionais – era preciso também *parecer*. Dessa forma, ainda que nada no clube infringisse as regras do Estado Novo, os mentores alviverdes haviam feito questão de deixar clara sua total cooperação com as autoridades. "Por tudo isto, se conclui que o Palestra atravessará uma fase nova de vida, com a qual procurará, dentro dos mais rígidos princípios de brasilidade – dos quais, aliás, quase ou nunca se afastou –, servir o nosso esporte com a mesma força propulsora com que o tem servido até os nossos dias", aplaudia *O Esporte*.

(Destino diferente tiveram o Esporte Clube Húngaro de Santo Anastácio, a Organização Nacional Desportiva, o Clube Atlético Colonial Japonês, a Aliança da Juventude Lituana, a Sociedade Japonesa de São Paulo, o Clube de Campo de São Paulo e o Clube Paulistano de Tiro, entre outras agremiações ligadas aos imigrantes: estas foram fechadas pelo superintendente da Segurança Política e Social "por falta de registro e por motivo de ordem política". O Germânia, apesar de nacionalizado desde 1938, teve as atividades suspensas temporariamente e só pôde retomá--las depois da nomeação de um interventor e da mudança de sua denominação para Esporte Clube Pinheiros.)

Toda essa movimentação acontecera no início de fevereiro. Parecia que a questão já estava definitivamente resolvida quando, um mês depois, vieram os afundamentos dos navios e a nova reação do governo, com o decreto 4.166. O Palestra Italia, então, a fim de colocar-se acima de qualquer suspeita, achou por bem agir novamente – e, de uma vez por todas, executar a tão dolorosa e adiada alteração.

*Addio* Italia: "A diretoria do Conselho Deliberativo e a diretoria executiva desta associação resolveram *ad referendum* do Conselho Deliberativo, cuja reunião se realizará dentro de poucos dias, determinar que a Sociedade passe a se denominar 'Sociedade Esportiva Palestra de São Paulo'." Enviado à imprensa em 13 de março de 1942, o comunicado assinado por Italo Adami e Raphael Parisi cortou o coração de muitos alviverdes, mas eliminou qualquer dúvida sobre a nacionalidade do Palestra – e, por consequência, qualquer mal-entendido que pudesse levar ao confisco de bens do clube.

Por forças externas ao campo esportivo, e somente por elas, o Palestra Italia deixava a cena. Mas não havia tempo – nem motivo – para lamentos.

Desde priscas eras, o bordão do velho esportista e dirigente Enrico de Martino, um dos líderes mais carismáticos do clube, já anunciava: "Passam-se os dias. Correm os meses. Fogem os anos. Sucedem-se os nomes. Renovam-se os valores. Desaparecem os homens. Mas as instituições ficam. O Palestra continua!"

E como. Já no dia seguinte, 14 de março, o novel Palestra de São Paulo havia de continuar a marcha de seu ancestral, em batalha justamente contra o São Paulo, pela primeira rodada do torneio Quinela de Ouro. Naquela noite de sábado, os palestrinos entraram em campo envergando um uniforme que ostentava duas sutis alterações. O escudo do lado direito do peito da camisa esmeraldina agora trazia apenas um P maiúsculo, de cor branca, circundado por um friso também branco – antes, o círculo englobava as iniciais PI entrelaçadas em vermelho. Já no calção foram aposentadas as três listras remetendo às cores da bandeira italiana – verde, branco e vermelho –, que vinham adornando a peça nos últimos anos.

Havia muita expectativa entre a torcida, por ser aquele o primeiro encontro entre os clubes depois do turbulento prélio de novembro de 1941. Mas desta vez o cavalheirismo reinou no Estádio Municipal. Os rivais fizeram uma partida limpa e pacífica, que terminou em 1 a 1 – gols de Hortêncio, aos oito minutos do primeiro tempo, e Echevarrieta, aos 12 da etapa final. O clássico foi tão atípico que, vejam só, até o juiz saiu coberto de glórias. "Fioravante D'Angelo veio do Rio para apitar o prélio Palestra x São Paulo. Juiz pouco conhecido para um choque de rivalidade e assistido por mais de 40 mil pessoas. Pois o árbitro carioca pode orgulhar-se de ter feito um 'milagre'. O de não ter sido alvo de uma vaia, por mais discreta, de um protesto ou de uma crítica do público sempre exigente", relatou uma boquiaberta *Gazeta Esportiva* em 16 de março.

Teriam Palestra e São Paulo finalmente aparado as arestas?

Só o Campeonato Paulista poderia dizer. E ele começava agora.

Brandão, Oberdan, Debio e Cabeção, igualmente confiantes.

co "craques" do Pa-
. Clodô é o único que
ós haver a peleja se

# LUTA RENHIDA

o o Torneio dos Inv

para construir o triunfo na fase final – Superado o recorde de renda do
e" de arbitragem...

5

# DIAMANTE...
# VERDE

*"O campeonato de futebol, dentro da Pauliceia, constitui* para a vida de nós outros um pedaço do nosso *modus vivendi*. Sem futebol, São Paulo se nos afigura uma cidade semivazia. Parece mesmo que não há nada para dizer quando a gente encontra um amigo que não era visto há muito, num dos pontos habituais das 'rodinhas', onde a volta ao mundo é dada através de uma simples conversa..."

Em seu texto de apresentação do Campeonato Paulista para a revista *Vida Esportiva Paulista* de março de 1942, Ari Silva, jornalista da Rádio Bandeirantes e presidente da recém-formada Associação dos Cronistas Esportivos do Estado de São Paulo, comemorava a volta do estadual e relatava a grande expectativa na capital às vésperas do início do certame. "Os olhos de todos – do cronista e do leitor – se voltam avidamente para o dia 22, quando será dado o 'larga' para a tradicional corrida futebolística. Quem vencerá? A pergunta que se ouve agora é a mesma que se ouve o ano todo, aqui e acolá. Alguns, mais desprovidos de sorte ou de preparo para aguentar o forte *train* que os esquadrões imprimem à corrida, desde logo ficam como 'cartas fora do baralho' – entretanto, aparecem de quando em quando só para atrapalhar um 'carteado' mais importante."

Verdade. Que a taça ficaria ente Palestra de São Paulo, Corinthians e São Paulo, todos sabiam – inclusive os torcedores do Santos, que tinham consciência que de não podiam se iludir com o vice-campeonato do Torneio Início. Mas qualquer ponto perdido em duelos contra os azarões poderia ser fatal para as pretensões de título dos integrantes do Trio de Ferro.

Naquela temporada, os oito candidatos a estraga-prazeres podiam ser divididos em dois grupos. No primeiro, entravam aqueles que, mesmo sem grandes aspirações, prometiam realmente endurecer nos duelos contra os favoritos: Santos e Portuguesa de Esportes, pela força da tradição, e Ypiranga, São Paulo Railway e Juventus, cujo histórico de jogar água no chope dos grandões não podia ser desprezado. No segundo, vinham Comercial, Espanha e Portuguesa Santista – com o devido respeito, galinhas-mortas que não metiam medo em ninguém.

A tabela marcava para as seguintes datas os clássicos do primeiro turno – que, a partir de então, seriam todos disputados no Pacaembu, por determinação expressa da Federação Paulista de Futebol: Corinthians x São Paulo em 24 de maio, São Paulo x Palestra em 14 de junho e Corinthians x Palestra em 28 de junho, sendo estas as duas derradeiras partidas do alviverde na fase inicial do certame. Haveria, portanto, quase dois meses de disputas entre protagonistas e coadjuvantes até que dois dos gigantes se confrontassem – tempo suficiente, portanto, para uma escorregadinha dos favoritos antes dos grandes duelos. E ela não demoraria a acontecer.

A rodada inaugural do Campeonato Paulista de 1942 foi realizada em 22 de março, sem a presença dos titãs paulistanos. Mesmo assim, as redes balançaram em profusão no Pacaembu, onde o São Paulo Railway e o Santos empataram em 4 a 4; na rua Javari, com a vitória do Juventus sobre a Portuguesa Santista por 4 a 1; e no Ulrico Mursa, em Santos, palco da vitória da Portuguesa de Esportes sobre o Espanha por 5 a 3.

Primeiro grande a estrear no torneio, o São Paulo massacrou seus dois primeiros adversários. As goleadas por 7 a 1 no Comercial e 4 a 1 no Juventus, ambas no Pacaembu, devolveram a confiança aos comandados do recém-contratado técnico uruguaio Conrado Ross, ex-Portuguesa de Esportes, cuja performance nos jogos da pré-temporada fora decepcionante. Apesar de um pouco mais econômico nos tentos, o Corinthians foi igualmente eficaz: bateu a Portuguesa de Esportes no Parque São Jorge, 2 a 0, e goleou a Portuguesa Santista por 4 a 1, no Pacaembu.

O Palestra de São Paulo, que havia usado a Quinela de Ouro – na qual terminara no terceiro posto – como laboratório para Armando Del Debbio definir seu onze principal, debutaria contra o Comercial no dia 4 de abril de 1942, no Parque Antarctica. Faminta pelo retorno aos campeonatos oficiais e para tirar a desforra das acusações dos últimos meses, a torcida alviverde ansiava por um massacre logo de cara. Del Debbio, porém, sabia que Roma não tinha sido feita em um só dia. Mais do que otimismo para a estreia, o comandante procurava demonstrar confiança e tranquilidade para os meses de luta que se seguiriam. "Acredito que meus pupilos me deem a satisfação de uma estreia com o pé direito. Se for com o pé esquerdo, paciência. Procurarei endireitá-lo depois."

Com Clodô; Junqueira e Begliomini; Oliveira, Og Moreira e Del Nero; Claudio, Waldemar Fiume, Cabeção, Lima e Echevarrieta, o esquadrão satisfez a torcida e o técnico, goleando o Comercial por 6 a 0. O desafio seguinte era a Portuguesa de Esportes, no Pacaembu, em 12 de abril – e o Palestra precisava da vitória para se igualar aos rivais na ponta do campeonato. Mas tudo que os periquitos conseguiram foi um suado 1 a 1, gols de Arturzinho e Cabeção. Em uma sólida atuação, os valentes rubro-verdes só não saíram vencedores graças a uma defesa incrível de Clodô, no último minuto da peleja – o carequinha tirou um coelho da cartola ao espalmar para escanteio um potente tiro de Alberto que resvalara em Junqueira e tinha o caminho certo das redes.

Pronto. Bastou um tropeço do Palestra para as trombetas da imprensa se excitarem. "Os alviesmeraldinos atuaram atabalhoadamente, aliás de pleno acordo com a maneira que têm jogado ultimamente. Não existe um cérebro a dominar seus movimentos dentro do quadrilátero de grama. Cada jogador do Palestra parece ser um autômato, a ter uma única preocupação, qual seja aquela de chutar, chutar sempre, sem se lembrar que futebol quer dizer conjugação de movimentos de uma equipe. Ontem bisaram os palestrinos suas últimas atuações", afirmou *O Esporte*, ignorando solenemente o fato de o Palestra ter vencido o Torneio Início e enfiado meia dúzia nos pobres comercialinos na partida anterior. "E, a continuar nesse pé, não será o de ontem o primeiro ponto que terão de perder na tabela", apressava-se em vaticinar o periódico.

Na partida seguinte, contra o sempre brioso Ypiranga, empatado na vice-liderança com o alviverde, a equipe de Del Debbio retornou ao trilhos da vitória: um imponente

4 a 2, em 19 de abril. Mas, no dia seguinte, a *Gazeta Esportiva* abriu sua reportagem com a velha ladainha. "Um prélio mais acidentado para o lado vencido do que superiormente conduzido pelo quadro vencedor", garantiu o tabloide, que atacou ainda o "precário" gramado do Parque Antarctica e afirmou que o alviverde saiu com o triunfo apenas por ser "o quadro menos defeituoso". De imediato, veio a réplica de Vicente Ragognetti, n'*O Moscardo*. "Mais uma vitória palestrina, naturalmente 'imerecida', conforme os 'imparciais' cronistas de nossa terra. Somente valem, para eles, as vitórias 'espetaculares' do São Paulo, com banda de música e rojões de todos os estrondos. Já se disse, em verso e música, que este ano será o ano do São Paulo Futebol Clube. Façamos votos que o seja, porque os palestrinos e corintianos já estão fartos de terem o seu 'ano'."

E a bombástica notícia que acabava de explodir naquele mês de abril faria o tal "ano tricolor" ficar, aparentemente, uma barbada ainda maior.

O maior craque do Brasil. Artilheiro e melhor jogador da Copa do Mundo de 1938. Ídolo e campeão no Botafogo, no Vasco da Gama e no Flamengo. Mestre na arte de executar em campo as performáticas bicicletas, sua marca registrada. Uma figura tão reconhecida quanto Getúlio Vargas ou Orlando Silva. Sonho de dez entre dez clubes brasileiros. Magia Negra, Homem Borracha, Diamante Negro. E agora, ex-detento da Vila Militar do Primeiro Regimento do Rio de Janeiro: Leônidas da Silva.

Em março de 1942, havia chegado ao fim a incrível história da prisão de um herói nacional, apanhado no escândalo dos certificados falsos de conclusão do serviço

M prelio mais acidentado para o lado vencido do que superiormente conduzido pelo quadro vencedor, foi o segundos colocados, ontem discretamente desenvolvido no ário gramado do Parque Antarctica. Realmente irregular estado do terreno no estadio da Agua Branca, com sua ressecada, falha e coberta em extensos pontos por adas de terra vermelha. A "cancha" requer um trata- o especial, mas vamos ao modesto espectáculo propor- ado pelo Palestra e Ipiranga a um publico bastante nu- so e que poucas oportunidades teve de se regalar com alidade do trabalho produzido pelos dois quadros. À em de um futebol superior, venceu o quadro menos de- oso, e esse foi o alvi-verde. Por 4 a 2, contagem preci- a no primeiro tempo, quando o Ipiranga, demasiado pestivo, criou sua propria ruina por obra de não os erros defensivos, dos quais resultaram, pode dizer-se ois "goals" iniciais, um originado de uma barreira mal outro de um despejo... catastrofico de Anibal. Co- do a partida com tais deslises, o alvi-negro condenou orte à derrota, embora sempre lutasse com decidido em- para salvar uma situação quasi irremediavelmente ecida nos primeiros momentos de vida do encontro. lestra com um jogo igualmente mal orientado e orga- o, chegando por vezes a igualar-se ao adversario em a de... "construção rustica", ainda desta vez não convencer, principalmente porque seus afeiçoados não rdoam a exclusão de Echevarrieta. A atual formula do não se completa e ontem ficou devendo sua vitoria a serie enorme de fraquezas dos ipiranguistas, que só- se ajustaram algo depois de nada mais terem a esperar tida. Adquirindo duas vezes vantagens excepcionais (4 a 1) o conjunto não "funcionou" no conjunto e a maneira como se "funcionou" no conjunto mente não lhe foi fatal porque o placarde já havia proporções indestrutiveis e porque o Ipiranga, em seus vinte minutos de amplo sentido ofensivo, não en- o tiro final que ainda poderia fazer perigar, e o desfecho do torço apesar da dilatada diferença a. Nese lapso, observou-se claramente o desfaleci- de energias dos palestrinos, o que o levou a uma osição gradativa, a ponto de se tornar o Ipiranga forme e impulsivo para exigir um bloqueio rigoroso queira. Begliomini, Og e Del Nero, muitas vezes bruscamente contra os avantes ipiranguistas. Og por se esgotar e se sentir impotente para destruir os meias" visitantes, si Carlos Leite, alem de forte- cercado em todas as ações, soubesse ser mais sereno em quatro ocasiões propicias, muitos sofrimentos ainda assado o Palestra com o risco de ver os 4 a 1 trans- os numa vitoria penosa e dificil. Houve, assim, algo ato para o alvi-preto da colina historica, que arris- atica da defensiva, sem sucesso em virtude da afoiteza os valores e só assumiu a franca ofensiva quando já de para recuperar o terreno perdido. Em conclusão, adro, o Palestra, não soube dar vulto a um triunfo definiu, em parte, por obra dos proprios erros dos ios, e outro, o Ipiranga, só adquiriu presença e me- reção quando o revés estava decretado...

RODRIGUES AGARRA COM SEGURANÇA — Uma avançada palestrina exigiu do exí- mio guardião Rodrigues um "encaixe" sereno, que é o que apresentamos no instante res acima. Vamos o arqueiro "Iluso" atirá-cipado aos seus adversarios e proprios com- panheiros, recolher a pelota para Rodrigues que Cabeção passou cinicoa cilham a Américo, Mio e Pepino que não o lance propriamente dito.

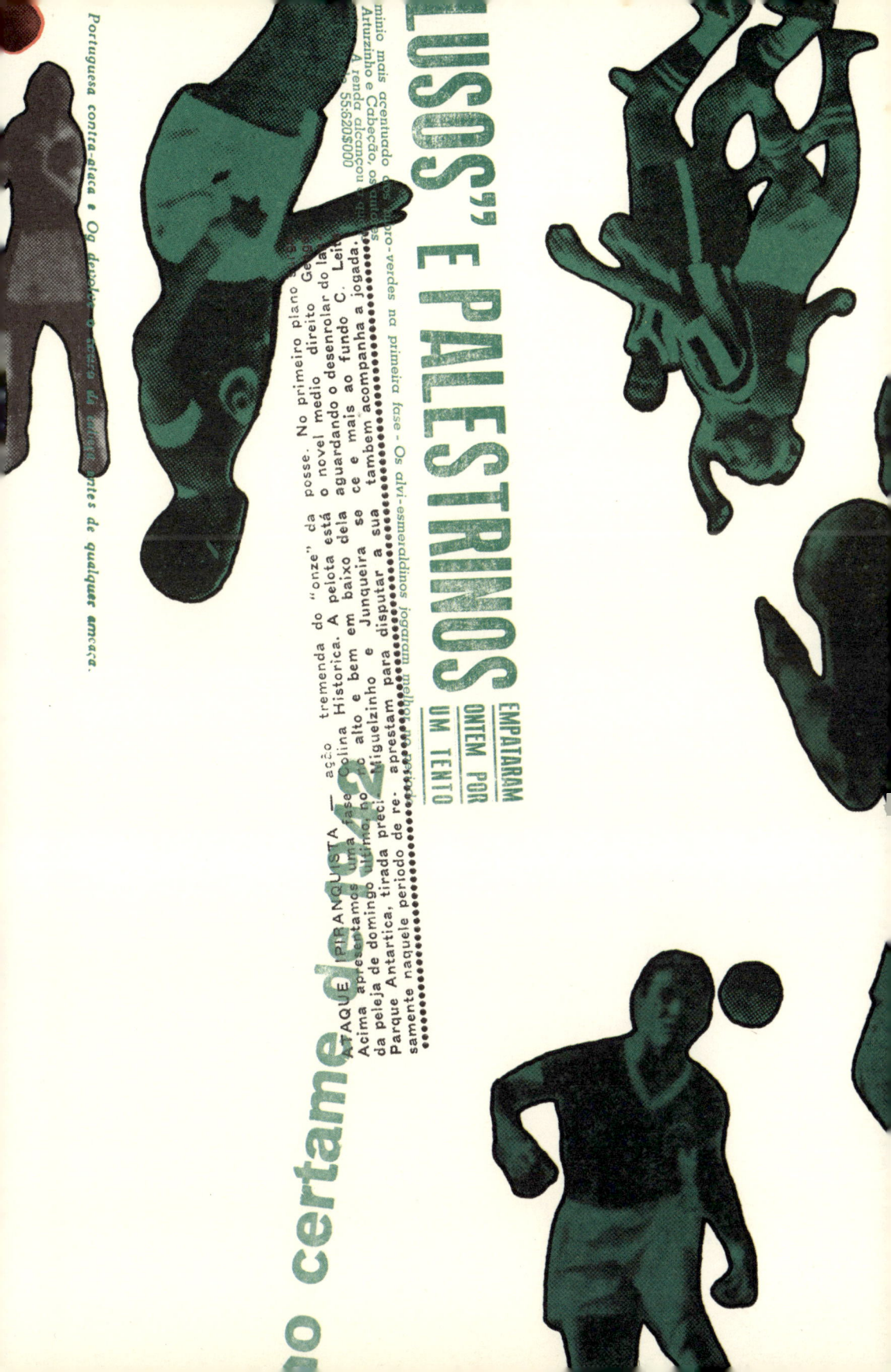

# "LUSOS" E PALESTRINOS
## EMPATARAM ONTEM POR UM TENTO

**ATAQUE PIRANQUISTA** — ação tremenda do "onze" da posse. No primeiro plano direito Ge... Acima apresentamos uma fase ...olina Historica. A pelota está da peleja de domingo último no ...o alto e bem em baixo dela o novel medio direito da Parque Antartica, tirada preci... iguelzinho e Junqueira se aguardando o desenrolar da samente naquele periodo de re... apestam para disputar a sua ce e mais ao fundo C. Lei...  tambem acompanha a jogada.

Os alvi-esmeraldinos jogaram melhor... ro-verdes na primeira fase - 

...mínio mais acentuado dos...
Arturzinho e Cabeção, os...
..venda alcançou...
..s. 55:620$000

Portuguesa contra-ataca e Og devolve o...ro la...entes de qualquer ameaça.

no certame de 1942

militar – um caso nebuloso que dominou as manchetes esportivas e policiais em julho de 1941.

Acusado de ter fraudado, na década anterior, a convocação para as Forças Armadas, o craque, então jogador do Flamengo, havia sido condenado pelo Conselho de Justiça da Segunda Auditoria de Guerra a oito meses de cana. Leônidas jurava inocência. Explicava que fora vítima de um golpe aplicado por um sargento de nome Conduru, que conhecera à época do alistamento no Café Nice, no Rio, e que se oferecera para regularizar sua situação. Declarando-se fã do craque, o militar lhe garantira que, por ser arrimo de família, não precisaria servir o Exército; Leônidas, então, teria assinado um formulário e entregue dois retratos ao facilitador, para que este pudesse dar entrada no pedido do certificado de reservista. Uma mão na roda: alguns dias depois, Conduru retornava com o documento pronto, com firma reconhecida do comandante e tudo mais. Pela gentileza, um agradecido Diamante lhe entregara 500 mil réis.

O tribunal militar não comprou a história – o que, apesar de todo cartaz do réu, não foi exatamente uma surpresa. Negro, rico, famoso e indomável, Leônidas despertava a inimizade de boa parcela da ainda preconceituosa sociedade brasileira, que não apenas o condenou por antecipação como ainda se regozijou com seu infortúnio.

"O 'seu' Leônidas é o 'seu' Leônidas. Amigo do espalhafato e do barulho, sempre credenciado a mostrar o que vale a popularidade explorada como indústria. Seus casos são frequentes. Sabe ser um homem que aparece sempre e de todas as maneiras. Outros jogadores somente têm o seu cartaz pelo que fazem no gramado. Já com Leônidas acontece uma coisa especificamente diferente. É o homem dos mil e um casos complicados. Jogando ou estando em inatividade, Leônidas procura um meio de fazer emergir sua personalidade. E alteia-se, fica dominando o ambiente", bradava *O Esporte* de 28 de julho de 1941, logo após a notícia da punição ao craque. "É assim esse trêfego Leônidas. Quando ele acabará com toda essa 'farolagem'?"

Aparentemente, não tão cedo. Logo que saiu do xadrez, em 26 de março de 1942, depois de cumprir os oito meses de sentença, o Magia Negra iniciou uma nova novela. Afirmou que não ficaria no Flamengo nem por decreto, já tendo inclusive constituído um advogado para se desligar judicialmente do clube. Leônidas se revoltara contra as atitudes do rubro-negro nos meses anteriores à sua condenação: os cartolas não acreditaram em sua contusão no joelho – que se provou grave – e ainda o multaram na volta de uma excursão à Argentina, por ter se recusado a entrar em campo devido às dores.

Fluminense e Palestra apareciam como interessados em seu concurso, mas Leônidas acabou seduzido pela proposta do Canto do Rio, de Niterói, que acenou com 30 contos de réis de luvas por um ano de contrato, um ordenado de 2 contos de réis mensais e mais um emprego público. Considerando tais condições extremamente vantajosas, o artilheiro deu sua palavra ao presidente do pequeno clube fluminense.

Em outra frente de ataque, porém, o São Paulo negociava com o Flamengo, e deixara claro aos rubro-negros que o clube de Décio Pedroso estava disposto a fazer loucuras para trazer o astro à terra de Piratininga. Assim, Roberto Gomes Pedrosa embarcou para o Rio de Janeiro com a missão de só voltar quando tivesse a certeza de que o Homem Borracha daria suas pedaladas com a camisa tricolor. Dito e feito: oferecendo um caminhão de dinheiro ao Flamengo e a Leônidas – que foi pessoalmente a Niterói desfazer o negócio com o presidente do Canto do Rio –, o diretor de esportes do São Paulo retornou à capital no dia 4 de abril anunciando a fantástica contratação do Diamante Negro.

Os termos da negociação eram recordes: o tricolor pagaria ao Flamengo 80 contos de réis pelo passe e se comprometeria a fazer dois amistosos, garantindo ao clube carioca uma cota mínima de 25 contos de réis por jogo; a Leônidas, por dois anos de contrato, caberia algo em torno de 70 contos de réis. Assim, a quantia a ser desembolsada pelos são-paulinos pelo engajamento do astro perfazia a alucinante soma de 200 contos de réis. Os fãs do São Paulo ouriçaram-se com a boa-nova – e o resto morreu de inveja.

A chegada de Leônidas da Silva à capital paulista foi apoteótica. Com pinta de estrela de cinema, acompanhado pelo amigo e cantor Silvio Caldas, o carioca de 28 anos foi recebido na estação do Norte por uma multidão calculada em 10 mil pessoas. Assim que saiu da Litorina, Leônidas foi carregado em triunfo pelos tricolores anônimos e, imparcialidade às favas, também pelo locutor Geraldo José de Almeida, da Rádio Record, são-paulino fervoroso e um dos principais nomes da crônica esportiva paulistana. Não que isso fosse causar algum problema no emprego ao famoso *speaker*: a Record, que defendia sem pudores os interesses do tricolor, era tida e havida na cidade como órgão semioficial do São Paulo Futebol Clube. Paulo Machado de Carvalho, proprietário da emissora e presidente do clube em 1940, havia aproveitado o ensejo e oferecido um contrato para o atleta, que passou a ser também funcionário da "Maior" – epíteto pouco modesto adotado pela rádio.

Com tudo isso, não é de estranhar que, ao desembarcar em São Paulo, e mais precisamente no São Paulo, a imagem de Leônidas nos meios de comunicação tenha mudado da água para o vinho. Vejamos o tratamento que *O Esporte* – o mesmo periódico que, em 1941, pintara o atleta como uma espécie de degenerado – daria ao novo astro tricolor em sua edição de 11 de abril. "Leônidas! Quanta emoção, quanto delírio, quanta alegria não despertou esse nome ontem! Homem Borracha! Nos campos gauleses, na terra sublime do grande Voltaire, sua figura se projetou no cartaz mundial de futebol. O fidalgo povo francês tem uma expressão feliz que consagrou um período brilhante de sua carreira esportiva. Diamante Negro foi outra alcunha genuinamente brasileira que definiu a personalidade desse extraordinário vulto do futebol patrício. Todos esses títulos somente engrandecem o valor desse notável jogador que o São Paulo contratou."

De pária a santo em oito meses – a mais rápida canonização da história. Um milagre com a chancela do "Clube da Fé" e da imprensa devota.

*Leônidas da Silva – 65,800 g – 1,650 m de altura.*
*Atividade: futebolista profissional.*

**De manhã:** *1 xícara de café com leite (200 g). Pão (40 g) ou biscoitos ou bolachas dentro deste peso. 50 g de queijo; a manteiga, bem como o açúcar, podem ser total ou parcialmente consumidos nesta refeição.*

**Almoço:** *Um bife de 130 g. Pão (40 g). 200 g de salada de alface ou escarola, ao que se pode juntar tomate (a salada será preparada com uma colher de azeite). 150 g de batatas assadas ou fervidas. 50 g de arroz. 200 g de frutas.*

**Lanche:** *Chá. Pão torrado (25 g). Laranjada, limonada, suco de uva, observando-se que não deve o açúcar ultrapassar 50 g ao dia.*

**Jantar:** *Uma xícara de caldo magro. 25g de pão. 140 g de pescada ou linguado ou namorado com suco de limão. 125 g de couve-flor com 125 g de ervilhas fervidas e 100 g de batata com 10 g de manteiga. 75 g de arroz. 200 g de frutas.*

# Leonidas chegou ontem

**CONSEGUIU O CRAQUE QUE DESEJAVA E LEONIDAS O CLUBE QUE ADMIRAVA**

...entadora - Leonidas transmite suas impressões à repo...

m cima — Leonid...

**Leonidas** que conv...
ge o di...
avante
cola...

...cebe cumprimentos do cantor de rádio Silvio Caldas.

Depois das férias forçadas na Vila Militar, era natural que o Homem Borracha demandasse um tratamento especial para voltar à velha forma. Não que ele estivesse de todo enferrujado: o craque disputava regularmente peladas na detenção, onde, com salomônica malandragem, atuava meio tempo no time dos recrutas e meio tempo no time dos encarcerados. Mesmo assim, encarar um campeonato de alto nível eram outros quinhentos – e por isso o São Paulo tratou de cercá-lo de todos os cuidados possíveis, inclusive alguns pouco usuais à época, como o acompanhamento de um nutricionista. "Só preciso perder quatro quilos", garantiu à *Folha da Noite* em sua chegada, sem convencer muita gente.

Enquanto o Diamante Negro pegava leve nos rangos e pesado nos treinos, seu novo time se refestelava em campo. Nos quatro jogos seguintes à chegada do astro, quatro espetáculos de bola: 6 a 1 no São Paulo Railway, 4 a 1 no Ypiranga, 4 a 1 no Espanha e 4 a 2 na Portuguesa de Esportes. Com isso, o tricolor, único time que vencera todos os seus compromissos, assumira a liderança isolada do torneio – o Corinthians, a exemplo do Palestra, também já havia tropeçado, perdendo um pontinho precioso no empate contra o Santos. Mas não foi apenas dentro das quatro linhas que o efeito Leônidas impulsionou o São Paulo: em 20 dias, o clube amealhou mais de dois mil novos membros, o que significou um crescimento de quase 50% em sua base associada. Essa incontrolável *blitz* só fez aumentar a confiança da agremiação de Décio Pedroso para o duelo com o Corinthians, o tão esperado primeiro clássico do campeonato.

Domingo, 24 de maio de 1942. "Dentro de poucas horas São Paulo será teatro de um dos maiores jogos de futebol até agora realizados nesta capital. Emprestam tal importância à partida entre são-paulinos e corintianos a posição que ambos ocupam na tabela do campeonato paulista, primeiro e segundo colocados, respectivamente, com somente um ponto de diferença, e a estreia no conjunto tricolor de Leônidas, o célebre ex-centroavante das seleções carioca e brasileira. Esse encontro terá, pois, a assisti-lo um dos maiores, senão o maior, públicos que um campo de futebol apanhou nesta capital, e a renda, por certo, atingirá a cifra astronômica, não só pela grande assistência como também pelo encarecimento dos preços dos ingressos", anunciava *O Estado de S. Paulo* do dia da partida, que também trazia um aviso da diretoria do Estádio Municipal. "No sentido de tornar possível atender à maior afluência prevista para o espetáculo esportivo de hoje, nas gerais e na parte das arquibancadas onde ainda não existem bancos deverão os espectadores manter-se de pé durante o transcorrer do jogo".

Nesse espírito mui generoso e desinteressado, o Pacaembu recebeu naquela tarde um público oficial de incríveis 70.281 espectadores, com 63.281 pagantes e sete mil gratuidades – mil de permanentes e convidados e seis mil de sócios do Corinthians, que não pagavam ingresso pelo fato de o alvinegro ser o mandante da partida. Tratava-se de um recorde que jamais seria ultrapassado nas décadas seguintes, um feito ainda mais impressionante pelo fato de a concha acústica, posteriormente demolida para a construção do tobogã, ainda estar presente do lado oposto ao portão monumental. Igualmente espetacular foi a renda: cerca de 240 contos de réis, de acordo com o borderô da Federação Paulista de Futebol, montante inédito em estádios brasileiros.

Quando a bola rolou, a multidão assistiu a um prélio equilibrado, que terminou com um empate em 3 a 3, gols de Lola, Luizinho e Teixeirinha, para o São Paulo, e Jerônimo e Servílio (duas vezes) para o Corinthians. Sem ritmo de jogo e ainda por cima bem marcado pelo excelente médio alvinegro Brandão, Leônidas ficou devendo. E ouviria muita provocação dos rivais nos dias seguintes: a piada na cidade era a de que Brandão havia sido preso pela polícia ao deixar o Pacaembu, por ter sido flagrado com um diamante no bolso. Com base na má atuação do craque, muitos diziam que o tricolor havia comprado um "Bonde de 200 contos" – referência ao conto do vigário em que um incauto, enganado por um espertalhão, adquiria um bem que obviamente não pertencia ao vendedor.

Tudo dor de cotovelo. Poucos duvidavam da força de Leônidas. E os que duvidavam logo tiveram de rever seus conceitos: já na partida seguinte, contra o Santos, o Magia Negra mostrou que estava de volta. Uma semana depois da estreia, no mesmo Pacaembu, o craque marcou seus primeiros dois gols pelo São Paulo, em outra vitória por 4 a 2 dos pupilos de Conrado Ross.

O Peixe, porém, era só um aperitivo. O que os são-paulinos queriam mesmo era traçar o prato principal, a ser servido no domingo seguinte, 14 de junho: o Palestra.

Enfeitiçado pela chegada do Magia Negra a São Paulo e pelas proezas do arrasador esquadrão tricolor, o mundo do futebol paulista pouca atenção deu às expressivas notícias que vinham dos lados da Água Branca naquelas semanas. Longe da luz dos holofotes, a diretoria alviverde, em hábil trabalho nos bastidores, fechou na segunda quinzena de abril a contratação de dois reforços de categoria e respeito, ambos integrantes da equipe titular da Seleção Brasileira na Copa do Mundo de 1938.

Do Botafogo veio o médio-direito Zezé Procópio, de 29 anos. Apesar de ídolo em General Severiano, o mineiro de Varginha havia se enroscado com o treinador Ademar

Pimenta e pedira aos dirigentes para mudar de ares. O interesse do Palestra, pois, veio na hora certa: em ponto de bala, Zezé chegou abafando ao Parque Antarctica. Poucos treinos foram suficientes para que desbancasse os concorrentes Brandão e Oliveira e assumisse a posição de titular absoluto no quadro de Armando Del Debbio.

Dizer que o outro contratado era um velho conhecido da torcida seria subestimar, e muito, seu cartaz. Mais que um ídolo, Romeu Pellicciari era uma lenda viva do Palestra, time que defendera de 1930 a 1935, com o qual havia conquistado o tricampeonato estadual em 1932, 1933 e 1934 e, feito indelével na memória alviverde, marcado quatro gols na avassaladora goleada de 8 a 0 sobre o Corinthians em novembro de 1933 – a maior da história do Derby. Desde 1935, Romeu vinha emprestando sua categoria ao Fluminense, onde seguia sua sina de conquistas: foram nada menos do que cinco cariocas, em 1936, 1937, 1938, 1940 e 1941. Aos 31 anos, mais calvo e igualmente barrigudinho – sua tendência para engordar só não era maior do que seu faro de gol –, o Príncipe voltava para casa.

Em 24 de abril, a dupla desembarcou ao mesmo tempo em São Paulo, sem muito alarde. E os palestrinos que tiveram a sorte de topar com os ases na estação do Norte só tinham olhos para Romeu. "Nem ligaram para mim... Tudo para o 'careca'. Se soubesse disso, antes de chegarmos a São Paulo, teria jogado o Príncipe do trem", jurou o brincalhão Zezé à revista *Vida Esportiva Paulista*.

Ao contrário do colega, porém, o atacante não apresentava condições imediatas de jogo. Bem acima do peso, precisaria de alguns dias para voltar à forma – recuperação que se estenderia ainda um pouquinho mais depois da calórica recepção que a diretoria do Palestra preparou para os novos reforços. Assim que saíram da estação, Romeu e Zezé foram levados à cantina 1.060, o velho reduto palestrino no Brás, onde a diretoria, a comissão técnica e o elenco os esperavam para um farto e animado jantar. Ocupado com uma suculenta perna de cabrito, Romeu preferiu não dar declarações à imprensa. Odilio Cecchini, que assumira o posto de diretor de esportes na renovação da diretoria comandada por Italo Adami e fora responsável pelo acerto com as novas feras, tomou então a palavra. "O Fluminense não queria perder Romeu, e chegou mesmo a lhe oferecer a beleza de 28 contos até o fim do ano! O 'careca' é que esteve firme. Ou jogaria novamente para o seu clube do peito ou desistiria do futebol. Não tenho, pois, razão de confiar na sua grande habilidade?", indagava o cartola, também proprietário do famoso restaurante Ponto Chic, no largo do Paissandu, quartel-general de artistas, esportistas e jogadores de bilhar.

Nesse momento, restavam ao Palestra sete compromissos válidos pelo primeiro turno do Campeonato Paulista: os cinco primeiros contra figurantes e os dois últimos contra São Paulo e Corinthians. Na primeira parte da carreira, ao contrário das previsões apocalípticas da imprensa, o Palestra engatou um aproveitamento perfeito: vitórias por 3 a 0 no Juventus, 3 a 2 no Santos, 3 a 2 no São Paulo Railway, 2 a 1 na Portuguesa Santista e 6 a 0 no Espanha – todas as partidas disputadas no Parque Antarctica.

Depois do empate entre São Paulo e Corinthians, o Palestra deixou o segundo posto com o alvinegro e escalou a tabela, passando a fazer companhia ao tricolor na ponta da classificação justamente às vésperas do confronto entre os rivais – que, aliás, haviam acabado de protagonizar um entrevero fora de campo.

No dia 4 de junho – dez dias antes do clássico, portanto –, o *Diário da Noite*, do Rio de Janeiro, publicou uma notícia que causou assombro na Terra da Garoa: estava nascendo em São Paulo uma nova modalidade de suborno.

Em letras garrafais, o jornal manchetou: *O speaker prometia dinheiro para acabar com Og, que estava jogando demais!* "A nossa reportagem vem a ser informada de um caso gravíssimo, que constitui verdadeiro escândalo no *football* bandeirante. A diretoria do Palestra, em reuniões secretas, está tratando do fato, que agora vem a furo. Trata-se do seguinte: na noite de sábado, no intervalo da partida de campeonato entre o Palestra e a Portuguesa Santista, o locutor esportivo de uma emissora paulistana teria sido surpreendido, no vestiário do Parque Antarctica, quando tentava subornar jogadores do clube de Santos. O objetivo do suborno seria, nada mais nada menos, de que os jogadores da Portuguesa massacrassem Og, o grande jogador vindo do Rio, que estava sendo o melhor homem em campo", afirmava o texto do jornal, acrescentando ainda que "um grande clube paulistano" estaria por trás da maracutaia.

Com a velocidade de um foguete, a notícia chegou a São Paulo. A *Folha da Noite* não demorou a trazer novas revelações sobre o caso. "Infelizmente, temos de confirmar em parte a veracidade da notícia veiculada no Rio. Por ocasião daquele encontro, um conselheiro de um grande clube bandeirante, valendo-se da companhia de certo locutor, que ignorava seu propósito, teve ingresso no vestiário do Parque Antarctica destinado aos jogadores visitantes. Lá o conselheiro ofereceu dinheiro para que o clube luso-santista derrotasse o Palestra. Caso fosse de todo impossível alcançar o que ele desejava, que procurasse contundir Og. Já seria isso um resultado apreciável, pelo qual estaria disposto a dar o dinheiro que prometia para obterem a vitória", garantiu o periódico em sua edição de 6 de junho. "Quanto à veracidade do acontecido, não resta a menor dúvida. Podemos adiantar que a diretoria do clube beneficiado com a contusão de Og não tem responsabilidade por coparticipação na proposta. Partiu ela de 'moto próprio' do mau conselheiro."

A cautela preveniu a *Folha da Noite* de revelar as cores do suposto aliciador. Nem precisava. Dois dias depois, a própria diretoria são-paulina veio a público para negar qualquer participação no incidente. De acordo com o comunicado assinado pelo presidente Decio Pedroso, os diretores haviam se reunido em sessão extraordinária e tomaram "em devida consideração que no caso foi dado como envolvido um conselheiro do São Paulo Futebol Clube, e por esse motivo convida esse senhor para esclarecer sua situação diante do Conselho Deliberativo". Ninguém apareceu. De qualquer forma, também em nota oficial, os comandantes alviverdes trataram de negar as tais reuniões secretas e afirmaram que nada sabiam sobre o suposto suborno.

Com desmentidos ou não, o caso só fez acirrar os ânimos entre palestrinos e são-paulinos.

Avizinhava-se, pois, um Choque-Rei para sair faísca.

Em sua edição de junho de 1942, distribuída na sexta-feira anterior ao clássico, a revista são-paulina *Arakan* trazia na capa uma foto da Taça dos Invictos com a seguinte inscrição: "São Paulo F. C.: 15; Palestra: 9; Corinthians: 8". Além da liderança do primeiro turno e de uma boa posição na briga pelo Campeoníssimo, o duelo também era temperado pela disputa da tradicional e cobiçada honraria do futebol paulista. Caso não vencesse o rival, o alviverde, detentor da Taça Gazeta Esportiva com 22 partidas de invencibilidade, colocaria em risco a posse do troféu – já que dificilmente o São Paulo seria derrotado por times do segundo e do terceiro escalão, seus próximos adversários. Ver os tricolores em festa se dirigindo ao Parque Antarctica em pleno campeonato para tirar o caneco da sala de troféus alviverde – onde repousava havia uma década – seria um baque e tanto.

De ambos os lados da trincheira, a confiança era grande. São-paulinos contavam vantagem apoiados em sua formidável linha de frente, que anotara quatro ou mais gols – a chamada "tabela de quatro", consagrada pelo Palestra de 1936 – em sete dos oito jogos disputados até então. A turma, aliás, ainda achava pouco. "Palestrinos: dia 14 o São Paulo irá fazer funcionar novamente a clássica tabela, mas será em duplicata. Isto é, em vez de quatro, será de oito", provocava o leitor Ivo Casali, em carta publicada no dia 10 de junho na seção Atrás do Gol, do jornal *O Esporte*. No total, os pupilos de Conrado Ross haviam balançado as redes adversárias em 36 ocasiões, o que os colocava como melhor ataque do certame.

Configurava-se, portanto, um duelo de extremos: a retaguarda do Palestra era a menos vazada do campeonato, com somente oito tentos concedidos. Mas, além de depositar fidúcia absoluta em seu fortim defensivo, os torcedores davam de barato que, cedo ou tarde, o quinteto ofensivo, que andava economizando boas atuações, fosse deslanchar. Afinal, nele pontificavam nomes como Waldemar Fiúme, Claudio, Lima, Echevarrieta, Pipi, Cabeção e, agora, Romeu – que estreara no Paulista na partida contra a Portuguesa Santista, duas semanas antes. A crença generalizada entre os alviverdes era a de que o time, quando enfrentava adversários menores, jogava apenas para o gasto. Contudo, quando a partida crescia em importância, o Palestra se agigantava. "Para um grande rival, uma grande atuação. Esse foi o lema imposto pelos próprios jogadores. Ouvindo-os conversar entre si, foi possível ao cronista se aperceber do espírito de luta com que eles entrarão na cancha do Pacaembu", relatara *O Esporte* de 9 de junho.

SÓ QUERO COMER ESSA BAN[DEIRA]

...S — Nota-se en[...]idual, em companhia de Valdema[...]
...fotos de [...] a franca demonstração [...]o Bretas. Leonidas afirma que [...]
...de. Vemo-lo ant[...]azer o seu primeiro indi[...]dia e habilidade a favo[...]

## PERSISTE A [...]

Somente no vestiario é que será decidida su[...] ocupar a meta alvi-verde - Nas demais posições não haverá novidades, exceto a ausencia de Begliuomini

[...]ETO TRICOLOR em condições de br[...]
...sto — LO LA, SEMPRE LOLA — [...] SILVA, UM M[...]
ESPETA CULAR

CABEC[...]
o CENTR[...]
HO[...]

PEDRO PALESTRINO — Os "torcedores" do Palestra confiam... que estará a postos para conter a vanguarda do tricolor... vemos no clichê acima, ostentam forma magnifica e deve... alto do conjunto do Parque Antartica na sensacional pele...

UM APARELHO DE CAP... A ONDA DO PENSAMENT... REGISTOU A FRASE LEONIDAS NÃO DISSE

...VIDA!

INCERTA AINDA A PRESEN... CLODÔ NO ARCO PALESTRIN...

...são ou não - Oberdan permanecerá na expec...

...QUER BRILHAR na pugna... ...E PALESTRINO DISPOSTO A UMA ATUAÇÃO DE VULTO — COM SUA CA... ...AJOSO E DESTEMIDO, PROCURARÁ D... ...ANO TRABALHO Á RETAGUA...

Apesar das críticas incessantes ao time durante o campeonato, o jornal, em sua análise pré-jogo, parecia concordar com tal transformação alviverde. "Para muitos, o São Paulo, com sua absorvente política de tudo arrasar, esmagará mais esse adversário. Passará por ele, soberbo, ufanoso, destemido. Para outros, o verde-branco ressuscitará o seu poderio. Será o Palestra das ocasiões de gala, o Palestra de casaca, todo solene para com desembaraço receber os convivas que forem ao Estádio Municipal. E estes parecem que estão com a razão, sem se deslustrar ou condenar os que pensam bem do São Paulo. É que o Palestra nessas ocasiões transfigura-se. Dobra o seu valor. Multiplica espantosamente a sua potencialidade."

O São Paulo foi escalado com Doutor; Piolim e Fiorotti; Zaclis, Lola e Silva; Bazzoni, Luizinho, Teixeirinha, Leônidas e Cascão, que fazia sua estreia no tricolor. Ainda recuperando-se de uma contusão no braço, Waldemar de Brito foi vetado pelo Departamento Médico no vestiário. O Palestra mandava a campo Clodô; Junqueira e Begliomini; Zezé Procópio, Og Moreira e Del Nero; Claudio, Romeu, Cabeção, Lima e Echevarrieta –Del Debbio optou por tirar o jovem Waldemar Fiúme do quinteto ofensivo para a inclusão do Príncipe. Quase 60 mil pessoas compareceram ao Pacaembu naquele dia, público sensivelmente menor do que o verificado na estreia de Leônidas; contudo, por conta de novo reajuste do preço das numeradas, a renda atingiu 242 contos de réis, somente dois contos a menos do que a arrecadação recorde de 24 de maio.

Pontualmente às 15h – uma hora mais cedo do que o usual, devido à entrada em vigor do horário de inverno na capital –, o árbitro José Alexandrino trilou seu apito e deu início ao embate.

Logo nos primeiros minutos, verificou-se que o plano do treinador palestrino era segurar o ímpeto inicial tricolor. Og Moreira entrou recuado para atuar como terceiro zagueiro, com Lima voltando para assumir a posição de centro-médio. Conforme o previsto, o São Paulo lançou-se vorazmente ao ataque, obrigando Clodô a trabalhar duas vezes antes dos cinco minutos, em arremates de Silva e Cascão. Aos sete, o arqueiro pôs para escanteio um chute de Luizinho após bela trama com Leônidas. Foi apenas por volta dos 15 minutos que o Palestra começou a se soltar, desafogando a defesa. Aos 20, escanteio para os periquitos. Claudio cobrou forte, a bola cruzou a pequena área e foi recolhida por Lima, no lado direito do campo. O garoto de ouro mandou de volta para a zona do agrião, à meia altura; a zaga tricolor bobeou e Cabeção, sem ser incomodado, contorceu-se todo para testar o esférico para dentro do arco de Doutor. Palestra 1 a 0.

Em desvantagem, os são-paulinos voltaram à carga, fazendo a fama de Clodô, que segurava a ofensiva adversária de todas as formas. O guardião alviverde só não tinha antídoto contra magia. Por isso, quando Fioratti, do meio do campo, alçou para a grande área alviverde, e Leônidas, mesmo espremido entre Og Moreira e Cascão, armou e executou sua mais fatal e famosa jogada, tudo que restou ao arqueiro foi buscar a pelota no barbante. O relógio marcava 44 minutos: um gol de bicicleta do "Bonde de 200 contos" empatava a partida e entrava para a história.

Confiante, o Homem Borracha começava a se sentir dono do espetáculo. "No início do segundo período, quando o público ainda o aplaudia por aquela bicicleta, Leônidas passou a fazer uns 'fricotes'. O juiz puniu-o por infração, e ele fez uns gestos que provocaram os assistentes. O Diamante não se satisfez com aquilo e fez mais algumas 'gracinhas', exibindo então sua bela e invejável dentadura", relatou a *Folha da Noite* de 15 de junho. Duraria pouco, porém, o alvo sorriso de Leônidas.

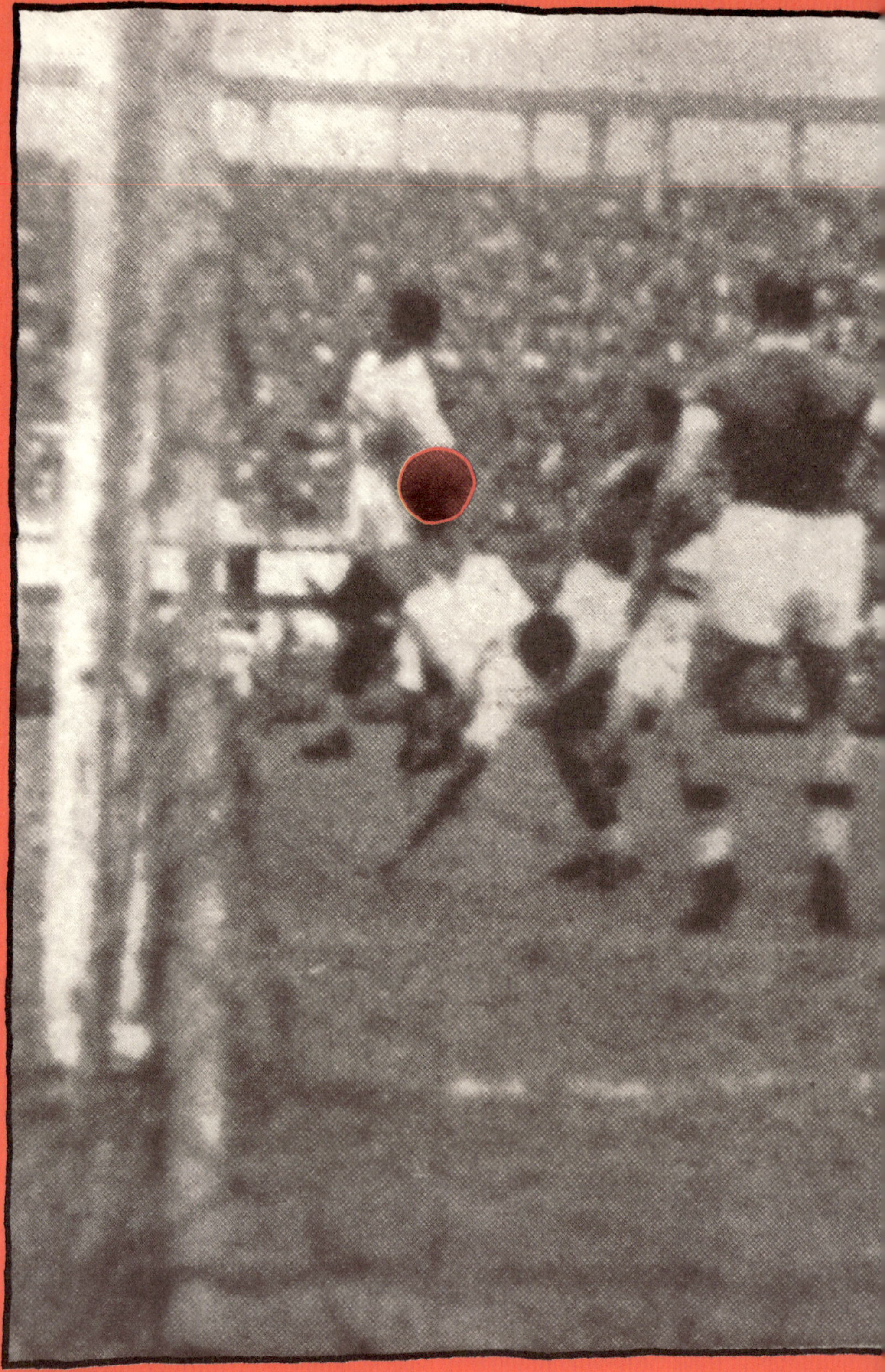

O maior espetaculo da tarde: o "goal-bicicleta" de Leonidas

O Palestra havia voltado do intervalo disposto a buscar a vitória: Del Debbio desfizera o esquema com três zagueiros e lançara seus ases à frente. A estratégia, porém, quase foi por água abaixo aos 11 minutos: em um lancinante contra-ataque são-paulino, Bazzoni finalizou sem chance para Clodô. Mas a bola bateu caprichosamente na quina interna da trave direita e correu por cima da risca, antes de ser providencialmente recolhida por Del Nero, que aliviou o perigo.

O susto, no entanto, não mudou os planos do alviverde, que seguiu pressionando. Dois minutos depois da quase fatal investida de Bazzoni, Echevarrieta lançou para a área tricolor. Zaclis tentou cortar, caiu e bateu com a mão na bola. Alexandrino mandou seguir. Cabeção e Piolim batalharam pela sobra, mas ninguém prevaleceu. O esférico espirrou novamente, dirigindo-se, desta vez, aos pés de um especialista. Romeu. Dentro da área. Sozinho. Caixão e vela preta. Palestra 2 a 1.

Um tanto desordenado, o São Paulo jogou-se para o ataque, buscando a igualdade. Mas todas as tentativas seriam infrutíferas. A vitória era dos alviverdes, que ainda iriam ao delírio antes do final do jogo, graças a um desmoralizante "passo de conga" que fez o Diamante espetar o seu bumbum no gramado do Pacaembu. A narração é, de novo, da *Folha da Noite*: "Lima, aquele moleque indigesto do ataque palestrino, deu, no último minuto da luta, grande satisfação aos adeptos de seu clube. Executou com Leônidas um passo de conga... Foi, entretanto, um mau par. Quando o Diamante passou para a direita, ele puxou a bola para a esquerda. Quando o Leônidas voltou, ele não lhe deu a bola, fazendo com que o endiabrado fabricante das famosas bicicletas a motor sem gasolina caísse espetacularmente no gramado, arrancando 'aplausos' dos palestrinos."

Fim de papo. Triunfo dos esmeraldinos, em um jogo acirrado, virilmente disputado, com jogadas duras porém limitadas ao âmbito esportivo – à exceção do duelo entre Begliomini e Luizinho, que provavelmente deram vazão a velhas rixas.

Para o Palestra, a vitória valeu por três. O time do Parque Antarctica virava ponteiro isolado em tudo – no Campeonato Paulista, na Taça dos Invictos e no Campeoníssimo. Cabeção, no vestiário, fazia em voz alta a pergunta que estava na ponta da língua de todos. "Então, somos ou não líderes de direito?"

A expectativa que cercava a batalha contra o São Paulo havia levado a cúpula alviverde a tomar uma decisão radical para a semana que antecedera a partida. Conscientes do fato de que o ambiente na cidade e principalmente no clube poderia atrapalhar mais do que ajudar os jogadores – "há mais veneno no Palestra do que em todo o Butantan", costumava dizer Attilio Ricotti –, Italo Adami e Odilio Cecchini decidiram levar o time para Poá, mais precisamente para a chácara do presidente, transformada em concentração da equipe. Dessa forma, logo após a vitória contra o Espanha, o elenco palestrino, sem prévio aviso, partiu para uma bucólica temporada de oito dias no interior paulista.

"A coisa foi estudada na surdina. Longe de São Paulo, longe dos cafés, longe do Ponto Chic, longe da Cinelândia, longe do Parque Antarctica e, sobretudo, longe dos corneteiros e dos fazedores de guerra dos nervos, os palestrinos poderiam ganhar oito dias de repouso forçado, fazendo tricô, empinando papagaios, jogando xadrez, lendo os contos da Carochinha, discutindo sobre a moda da gravata-borboleta e preparando-se fisicamente e sobretudo moralmente para a pugna contra o adversário que

lôdo, fez lemb
artidas singu
des golei

ada escapa ao g
pecialmente si o ti
de longe...

# UM SÓ LIDER:
## PALESTRA

lagrantes colhidos pela objetiva
vimentada e eletrizante a partid
. Junqueira forma uma barreira,
, enquanto que Leonidas espera
, enquanto que Del Nero mantem-se
Teixeirinha parado. A' esquerda, no m
ém está pronto para socorrer seu companheiro
Bazzoni tambem faz menção de golpear a redonda
eletrizante defesa, de um chute de Cascão, cedendo

abeçear mas falseia e Cabeçã o procura desfrutar a situa

# ROMEU

dava de quatro em todos e não respeitava nem cara nem topetes", relatou *O Moscardo*. "Foi decidido escolher o sítio de Poá, onde vivia, há meses, um padre que fazia milagres, e colhia as flores do pó... Com tantos milagres feitos, podia ser que o tal do Padre pudesse ter deixado por ali um resto de milagre reservado para o Palestra. Dito e feito, e sobretudo dinamicamente realizado", finalizava o semanário, fazendo chiste com a lenda em torno do padre Eustáquio, "o santo de Poá", cuja água benta teria efeitos milagrosos.

Para fechar o turno na frente, porém, ainda faltava um obstáculo espadaúdo: o Corinthians, adversário da partida decisiva, marcada para 28 de junho. Apesar da enorme vantagem histórica nos confrontos de campeonato – nos 44 jogos desde 1917, o Palestra vencera 24 vezes, contra apenas 12 triunfos do Mosqueteiro –, os alviverdes sabiam que, quando se tratava do "clássico dos clássicos", não adiantava contar com o ovo antes de a galinha botar. Então, de novo, todos para Poá.

Como um intervalo de duas semanas separava o Choque-Rei do Derby, o Palestra teve, antes de partir para a concentração no interior, uma semana de treinamentos em São Paulo. No domingo, 21 de junho, o elenco foi ao Pacaembu espionar o Corinthians, que ainda precisaria jogar sua penúltima partida do turno. E viram o futuro adversário despachar com tranquilidade o Ypiranga: 3 a 1, gols de Milani (dois) e Jerônimo, com Miguel descontando para o Veterano da colina histórica. Em seguida, aí sim, os palestrinos pegaram o caminho da roça, para mais uma temporada no recanto de Italo Adami. Enquanto isso, a cidade fervia. "Todo mundo deixa um pouco de lado a faina diária para se dedicar às coisas do Derby. Os negócios do café, a bolsa, a guerra, o cinema e as festas de São Pedro ficam relegados a segundo plano. O povo só quer pensar no fabuloso encontro que reúne os mais tradicionais adversários do *soccer* bandeirante", relatava José Albuquerque Carvalho, jornalista dos Diários Associados.

Para o Corinthians, o encontro tinha sabor de revanche: ainda estava na memória dos alvinegros a última partida do certame de 1941, quando o Palestra tirou da boca dos rivais o pirulito da invencibilidade. Mas, de novo, o grito corintiano ficaria entalado na garganta.

No domingo, 28 de junho, diversas autoridades tomaram assento na tribuna de honra do Estádio Municipal. Entre elas, o ministro da Justiça, Francisco Campos, o general Maurício Cardoso, comandante da 2ª Região Militar, Rodrigues Alves Sobrinho, secretário da Educação, e o major Olinto França, superintendente da Delegacia de Ordem Política e Social. E os figurões viram o Mosqueteiro logo tomar a frente do marcador: aos 3 minutos, Teleco foi lançado por Jerônimo, dentro da área; Junqueira não cortou e o artilheiro não perdoou. Corinthians 1 a 0. Era o Campeão do Centenário mostrando suas credenciais.

Com sua linha média abafada pela rival, o Palestra não conseguia produzir. Jango, Brandão e Dino ditavam o ritmo da partida, e por pouco o time do treinador Carlos Menjou não ampliou a vantagem. Aos 25 minutos, Clodô saiu do gol para conter uma investida de Jango; o rebote ficou com Teleco, que chutou alto contra a desguarnecida meta alviverde. O balão tinha endereço certo. A torcida alvinegra ficou em pé. Mas eis que Junqueira, como uma flecha, apareceu antes que a pelota cruzasse a linha fatal para tirá-la em fantástica acrobacia: uma bicicleta que valeu por um gol! O lance animou os palestrinos, que equilibraram as ações – sem, contudo, incomodar a cidadela do goleiro Pio, que seguia tranquilo.

Nessa toada, o jogo se encaminhava para o final com a contagem mínima a favor do grêmio dos calções negros. Mas...

Aos 42 minutos do segundo tempo, quando a celebração já ocorria sem pudores no lado corintiano, o zagueiro Agostinho interceptou com a mão um lançamento de Del Nero para Echevarrieta. Falta perigosa para o Palestra. Del Nero tomou distância e levantou na área. Centro na direção de Romeu, que era marcado de perto por Chico Preto e Brandão. Os dois mosqueteiros saltaram juntos e se atrapalharam; a bola bateu na cabeça de Brandão e viajou na direção de Og Moreira. O Toscanini, em uma jogada plástica, virou um sem-pulo mordaz, que rompeu a meta alvinegra. No crepúsculo do Derby, vinha o empate – válido como uma vitória para a manutenção da invencibilidade e da liderança.

A magia era verde: Palestra de São Paulo, campeão do primeiro turno do Paulista de 1942.

Dez partidas, oito vitórias, dois empates, nenhuma derrota. Melhor defesa do torneio. Líder da disputa pelo troféu Campeoníssimo. Detentor da Taça dos Invictos. O currículo do vencedor do primeiro turno era impecável e irrefutável. Mesmo assim, boa parte dos cronistas esportivos insistia em tirar os méritos da esquadra de Armando Del Debbio e tratá-la como um bizarro acidente de percurso. Inconformados, membros da grande imprensa recorriam a explicações subjetivas, ilógicas e até transcendentais para justificar a soberania conquistada pelo alviverde na

MOMENTOS ANTES DO GOL DO PALESTRA — No grande encontro de ante-ontem, o Palestra se livrou de novo, nos instantes derradeiros, quando todos acreditavam que o Corinthians, pelo seu superior trabalho, não mais sofresse o perigo do empate. A fotografia acima foi apanhada alguns instantes antes do espetacular gol de Og. Del Nero cobrou o toque praticado por Brandão, como se vê, rebateu de cabeça, saltando com Chico Preto e Romeu, aparecendo bem ao fundo, quase imperceptível, o palestrino Og, pronto para emendar o tiro que venceria infalivelmente o arqueiro Pio.

**DENODO E BRAVURA!**

No empate com o Corinthians o Palestra resistiu e atacou com os homens da defesa

O VALOROSO ESQUADRÃO DO PALESTRA

DE SÃO PAULO

líder invicto do 1.º turno do campeonato

bola, dentro de campo – algo que, por algum motivo, não convencia os doutos escribas.

"O Palestra tem sido largamente beneficiado por uma força estranha à parte técnica", jurou Geraldo Bretas n'*O Esporte* de 30 de junho, sem explicar qual seria essa misteriosa influência. A *Folha da Noite* do mesmo dia foi menos genérica e cravou logo uma, digamos, culpada pela boa fase alviverde. "Novamente, Poá está na ordem do dia e ainda mais uma vez como proporcionante de qualidades miraculosas. Os rapazes palestrinos lá estiveram concentrados para o jogo do São Paulo. E o tricolor foi derrotado de uma forma incompreensível. Clodô operou milagres na defesa de seu arco. O povo já começou a ligar uma coisa à outra. E domingo, o que vimos no Pacaembu? Não um milagre, mas que coisa horrível, não havia meios nem jeitos de a bola atravessar o arco palestrino. Parecia que uma sorte sobrenatural conspirava contra a vitória do Corinthians, protegendo o Palestra. Não é possível mais dúvida. A água de Poá opera mesmo milagres."

Rindo para não chorar, Vicente Ragognetti comentou a insólita situação na *Vida Esportiva Paulista*.

*Desde a sua fundação, o Palestra não tem sorte com os comentários que os fãs de todos os tipos e os cronistas de todas as penas fazem sobre os resultados de seus embates. O palestrino está acostumado com isso, e não liga, acolhe tudo com o seu bom sorriso de superioridade, com aquela atitude que constitui o gesto de faire des niches dos que têm a certeza de seu valor intrínseco e real. A frase já se tornou a mofa tradicional do palestrino de todas as camadas. A cada fim de jogo, em que o quadro aplicou, com saúde e com galhardia, toda a potencialidade de sua habilidade, o torcedor do clube alviverde, contente com a vitória espetacular e bonita, pensa com ar de chacota e com a intenção de troçar:*

— Amanhã todos os jornais dirão que o Palestra venceu, mas não convenceu!

Dito e acertado: no dia seguinte, em letras garrafais, ou em letras sem garrafas, a maior parte dos cronistas tenta convencer os seus leitores de que o Palestra "venceu, mas... não convenceu". Não convenceu, naturalmente, eles, torcedores sistemáticos do "contra o Palestra", eles, adversários intransigentes do alviverde, a todo custo.

No segundo turno, tais desafetos mostrariam sua cara e seu caráter – dentro e fora de campo. A guerra, finalmente, chegava a São Paulo.

# 6

# UM FILHO TEU NÃO FOGE À LUTA

***Enquanto a imprensa criava teorias mirabolantes para*** explicar o sucesso do Palestra de São Paulo na metade inicial do certame, os alviverdes concentravam-se na única e elementar razão que os levara à ponta da tabela: o futebol de seu time. A respeito dele, os fatos diziam que, se a defesa alcançara a excelência, o ataque ainda precisava se acertar. Por isso, Odilio Cecchini aproveitou as três semanas de intervalo entre o final do primeiro turno e o início do segundo – o clube só voltaria a campo pelo Paulista em 19 de julho – para sair à caça de ao menos um reforço para a posição.

   Prático, o diretor esportivo foi direto à fonte. No caso, claro, o Rio de Janeiro, de onde craques estavam saindo pelo ladrão rumo ao futebol paulista. Leônidas, Og Moreira, Romeu, Hércules (contratado pelo Corinthians junto ao Fluminense), Noronha (que trocara o Vasco da Gama pelo São Paulo)... A lista era extensa. E logo ganharia mais um integrante de peso.

Muitos esperavam que Cecchini fosse buscar Heleno de Freitas, astro do Botafogo, cujo nome vinha sendo insistentemente associado na Capital Federal a uma transferência para o Parque Antarctica. Os boatos eram tão fortes que, em 13 de junho, o clube havia publicado no *Correio Paulistano* uma nota oficial desmentindo o interesse no atleta. "O Palestra de São Paulo irá escrever ao Botafogo, do Rio de Janeiro, desmentindo o que jornais e estações de radiodifusão têm propalado acerca de pretensões do Palestra sobre o jogador Heleno." E não era conversê. Realmente, a mira palestrina estava direcionada para outro alvo: o avante Segundo Villadoniga, do Vasco da Gama e da seleção do Uruguai. Apelidado *El Arquitecto*, o craque era ídolo em São Januário. Em 1940, para não perdê-lo na renovação do contrato, os cruz-maltinos haviam oferecido nada menos do que 110 contos por três anos de compromisso. Porém, em virtude dos fracos resultados obtidos em campo, a diretoria vascaína decidiu reformular o elenco e aceitou liberar Villadoniga, que chegou a São Paulo em 15 de julho e mereceu calorosa recepção na Estação do Norte.

 O gringo ficaria de fora da estreia do segundo turno, vitória por 3 a 0 sobre o Espanha, no Parque Antarctica, mas iria a campo na partida seguinte, contra o São Paulo Railway, em 26 de julho. Esperava-se um jogo duro para os periquitos, mas nem tanto: aos 17 minutos do primeiro tempo, o placar já marcava surpreendentes 2 a 0 para o time da rua Comendador Sousa, gols de Guanabara e Correia. A reação do Palestra, porém, não demoraria – e começaria justamente com Villadoniga, que, aos 20 minutos, em bonita jogada individual, marcou seu primeiro tento com a camisa esmeraldina. O empate veio aos 35, depois de uma venenosa cobrança de escanteio: Celso cabeceou contra as próprias redes e trouxe alívio aos alviverdes. Tudo indicava que a virada seria iminente.

Contudo, mesmo dominando as ações, Lima e companhia limitada não conseguiam encontrar o caminho das redes no segundo tempo. Para aumentar a tensão, Villadoniga, chamado para fora do campo para ouvir uma orientação de Del Debbio, foi expulso pelo árbitro, que alegou não ter autorizado a saída do uruguaio. Para sorte do Palestra, Spinola, do São Paulo Railway, também bobeou: com o quiproquó armado em campo pela reclamação dos periquitos, o atleta ferroviário achou que não seria notado pelo juiz se desse uma rápida escapulida para beber água. Pego no flagra, acabou igualmente mandado para o chuveiro mais cedo.

Com dez homens contra dez, os minutos derradeiros ganharam contornos dramáticos, mas que trariam um final feliz à agremiação da Água Branca. Já nos acréscimos, Echevarrieta rolou para Lima, na entrada da área. De costas para o gol, o craque dominou e, de virada, bateu forte, sem chance para o arqueiro Cetale. A massa, enlouquecida, invadiu o campo para carregar o garoto de ouro. Palestra 3 a 2.

Com a chegada do *Arquitecto*, Del Debbio finalmente acertaria o setor ofensivo alviverde. Claudio, Waldemar Fiúme, Cabeção, Lima e Villadoniga comporiam a base titular; Echevarrieta, Romeu e Pipi ficariam como opções. Na linha média e na defesa, apenas uma alteração: Clodô, que se contundira em um treinamento, foi substituído por Oberdan – e assim o jovem goleiro da Seleção Paulista recuperaria sua posição de titular, mantendo o posto mesmo após o restabelecimento do colega. Com essa espinha dorsal, a equipe enfileirou em agosto uma sequência de quatro placares dilatados consecutivos, provando a todos que a artilharia esmeraldina estava, enfim, calibrada: 4 a 0 contra o Juventus, na rua Javari; 4 a 1 contra o Ypiranga, no Pacaembu; 5 a 2 contra o Santos, na Vila Belmiro; e 6 a 0 contra o Comercial, no Parque Antarctica.

— Difícil defesa do jogador, um espetáculo — "Villa" um grande jogador, um espetáculo sobre um chute de Belmiro

Nova "goleada" do Palestra
Triunf... ...estra

..E

cr. Pascho... B. Giuliano    Odilio Cecchini

Na concentração palestrina

# O LIDER CONTINUA

Palestra: — Oberdan...
...e Junqueira; Zezé...
...e Del Nero; Claudio,
...Cabeção, Villadoni-

Mas o "esquadrão" do Par...
e Antartica está ...tando com
moral muito alto...

FASES DO JOGO DO LIDER — O embate da Rua Javari ofereceu bela combates entre as duas ofensivas e retaguar...
das. E desses combates são os aspectos que vemos acima. A' esquerda, no alto, Junqueira rechaça de cabeça evitando
salto de Ferrari. Og agacha-se e "espia". No centro, saltam Junqueira e Paulo l, e Caio está à espectativa. Em ba...
xo, onde está a bola? Moacir, Ditão, Cabeção, Paulo I e Lima todos saltando, mantendo-se Valdemar no terreno. A' d...
reita, no alto, Paulo I e Villadoniga disputam de cabeça, Otavio está atrás de ambos. No centro, Oberdan agua...
alto, custodiado por Junqueira, e Caio e Ferreiro aguardam. Em baixo, saltam Celestino e Ferrari, e Caio e Zezé olham.

VENCEU AUTORITARIA
MENTE

*alvi-verde*

Dono de invejáveis 100% de aproveitamento no segundo turno, o Palestra mantinha a liderança isolada e jogava o problema para os rivais da capital, olhando-os apenas pelo retrovisor.

E um deles já tombava pelo caminho – por obra e graça de um goleiro estreante de nome Barbosa. Moacyr Barbosa. Ele mesmo.

Na tarde de 4 de abril de 1942, João Lyra Filho, presidente do Conselho Nacional de Desportos e mais alta autoridade esportiva do país, esteve no Parque Antarctica para prestigiar a decisão do Campeonato Brasileiro de Amadores. A competição, que promovia o caráter cívico do esporte, era um dos orgulhos do governo e premiava o vencedor com a Taça Gustavo Capanema, em honra ao ministro da Educação. Só para variar, as seleções de São Paulo e do Rio de Janeiro chegaram à finalíssima, vencida desta vez pelos visitantes por 2 a 1. Mas o grande nome do jogo não foi René nem 64, integrantes da ligeira dupla de avantes cariocas: com uma performance incrível, que impediu uma derrota elástica de sua equipe, Barbosa, goleiro da Seleção Paulista, saiu do Parque Antarctica coberto de glórias. Não chegou a ser exatamente uma novidade: sua boa participação no torneio já vinha chamando a atenção dos olheiros dos clubes profissionais, em especial do Ypiranga, que buscava um guarda-metas para fazer sombra ao veterano Tuffy. E assim, na semana seguinte à decisão, o atleta campineiro de 21 anos, que despontara no Tamandaré da Aclimação e defendia as cores do L. P. B. Futebol Clube, foi oficialmente contratado pelo alvinegro para a disputa do Campeonato Paulista.

Em apenas duas semanas no clube da colina histórica, Barbosa conquistou o técnico Caetano di Domenico, e, em consequência, a camisa titular. Sua estreia em jogos profissionais aconteceu na derrota por 4 a 2 para o Palestra, em 19 de abril – na qual, mais uma vez, apesar do insucesso de seu quadro, o novato teve destacada atuação: de acordo com a *Gazeta Esportiva*, Barbosa destacou-se pela "elasticidade, segurança e golpe de vista". Na partida seguinte, contra o São Paulo, a história se repetiu. Mesmo com o revés de 4 a 1, o arqueiro deixou o campo bastante elogiado pelos cronistas. "Barbosa reafirmou sua bela partida do último domingo. Um portento para segurar a bola. Irá longe se continuar assim", profetizou *O Esporte* de 27 de abril.

De fato, com desempenhos seguros – e, finalmente, vitórias contra os times do segundo pelotão –, o jovem tornou-se um dos principais artífices da excelente campanha do clube da rua Sorocabanos em 1942. No fim de julho, o Ypiranga se colocava na quarta posição da tabela, liderando o certame paralelo dos coadjuvantes – que, até então, ainda seguiam em busca de uma primeira vitória contra os grandes. Até então.

Pacaembu, 2 de agosto. "O grande, o temidíssimo golpe do grupo central do campeonato contra o trio líder foi desferido, afinal. Ypiranga, eis o protagonista do sensacional feito que durante muito tempo passará a constituir o tema de todos os comentários futebolísticos. Não se falará de outra coisa nesta semana, porque os 3 a 2 do Veterano na sua inspirada tarde de ontem, no Pacaembu, encerraram algo de extraordinário", estampou a *Gazeta Esportiva*. E o herói da tarde... Nem é preciso dizer. Sem culpa nos gols do Corinthians, Barbosa foi uma muralha que segurou de forma inacreditável a pressão de Servílio, Milani, Eduardinho e companhia bela no final do jogo – 12 defesas que impediram o empate alvinegro. "Tão corajoso

Barbosa em ação. O arqueiro ipiranguista s[ae]
[s]ai de seu posto e segura a pelota com mã[os]

com mãos de ferro, antecipando-se á

-se á carga de Capelozzi, que es[tava]

estava pronto para desferir

[p]ara desferir o tiro final.

**BARBOZA do Ipiranga**

O Ipiranga desfechou o gr...
revelação o quadro improvisado do "veterano", que teve em Hortencio u...
...guelzinho, Rodrigues, Peize, Milani e Jeronimo, os marcadores d...

**o grande golpe!**
...ortencio um centro-medio espetacular — Mi...
...cadores da surpreendente partida

quanto firme, tão audaz quanto cônscio das obrigações de um arqueiro. Barbosa deu mais uma demonstração de sua consular classe", reconheceu O Esporte.

Se um mero empate contra os pequenos já era visto como tragédia para o Trio de Ferro, uma derrota, então, tinha contornos apocalípticos. Em um campeonato tão acirrado, podia ser fatal – como, de fato, o seria.

Rebaixado para a terceira posição após a façanha de Barbosa e do Ypiranga, o Corinthians ficara no fio da navalha: com cinco pontos perdidos, contra dois do Palestra e quatro do São Paulo, o clube do Parque São Jorge não podia pensar em outro resultado senão vitórias em seus seis jogos finais se ainda tivesse pretensões de título. Mas as esperanças logo se esvaíram. No dia 30 de agosto, com um triunfo por 4 a 2 no Majestoso, o São Paulo soterrou em definitivo o sonho do bicampeonato alvinegro.

Quanto a Barbosa, sua brilhante campanha de estreia acabaria recompensada, no final do ano, com uma convocação para a Seleção Paulista, agora dos profissionais. Em meados da década, o goleiro deixaria o Ypiranga rumo ao Vasco da Gama e se tornaria um dos destaques do esquadrão apelidado de Expresso da Vitória. A fama adquirida no Rio de Janeiro, por sua vez, o levaria à titularidade da Seleção Brasileira na Copa do Mundo de 1950. Mas o auge da carreira também seria sua ruína. Acusado de ter falhado na partida decisiva contra o Uruguai e responsabilizado pelo fatídico Maracanazo, o homem que foi o carrasco do Corinthians no campeonato de 1942 acabaria para sempre lembrado como um vilão do futebol brasileiro – uma das maiores injustiças da história do esporte nacional.

Então ficava assim: com o alvinegro do Parque São Jorge fora do páreo, Palestra e São Paulo se tornavam os únicos postulantes ao título, dividindo as atenções da respeitável audiência futebolística da Pauliceia. E a polarização da disputa na reta final acirrava ainda mais a rivalidade entre os clubes, que já vinha alcançando altos índices de octanagem.

No intervalo entre o primeiro e o segundo turno, as duas equipes haviam se enfrentado no Pacaembu, em duelo válido por mais um torneio amistoso – desta vez, a Taça Cidade de São Paulo, recém-inventada pela Prefeitura. Marcado para o dia 9 de julho, o clássico não empolgou muito os palestrinos, focados na manutenção da liderança no estadual. O São Paulo, porém, tomado por um incontrolável espírito de revanche, encarou a peleja caça-níquel como final de Copa do Mundo. Prova disso é que, em troca do triunfo sobre o rival, o presidente Décio Pedroso prometeu a cada um de seus atletas o exorbitante prêmio de um conto de réis, muito superior ao bicho normalmente praticado em jogos de campeonato – no final de 1941, por exemplo, a gratificação média era de 100 mil réis, um décimo do montante agora oferecido pelo tricolor.

Com tamanho incentivo, a vitória aterrissou no lado são-paulino, 1 a 0, gol de Waldemar de Brito em um Pacaembu quase vazio – o torcedor paulistano imitou o Palestra e não deu muita bola para o jogo. Em meio às comemorações, porém, veio a constatação de um enorme prejuízo. Só de bichos para os atletas e a comissão técnica, o São Paulo gastou 13 contos de réis; a arrecadação total da jornada, a ser dividida entre os clubes, foi de míseros 19 contos de réis – quantia doze vezes menor do que a verificada no encontro entre as equipes no primeiro turno. Não havia como negar: os olhos do público estavam voltados apenas para o campeonato oficial da Federação Paulista de Futebol.

A partida decisiva entre Sociedade Esportiva Palestra de São Paulo e São Paulo Futebol Clube, na qual a torcida tricolor poderia de fato comemorar sua desforra e retomar a liderança do campeonato, aconteceria apenas na penúltima rodada do certame, em 20 de setembro. Para aumentar a angústia são-paulina, logo no início do returno, o alviverde ampliara para dois pontos sua folga na ponta da tabela – na estreia da segunda fase, o time de Leônidas tropeçara contra o São Paulo Railway, empate em 2 a 2.

Contudo, após a vitória no clássico contra o Corinthians, parecia que o título são-paulino estava logo ali na esquina: torcedores e imprensa começavam a dar como favas contadas o triunfo máximo da equipe comandada por Conrado Ross, ignorando o alviverde e sua expressiva vantagem. "Quase campeão!", exclamava, em sua manchete, *O Esporte* de 31 de agosto. "Pode-se dizer que o triunfo colocou o São Paulo francamente credenciado para conquistar o campeonato de 42. O Corinthians era indiscutivelmente seu maior e mais difícil obstáculo, a despeito das soberbas credenciais do Palestra. Além do mais, o efeito moral desse grandioso feito será muito grande. Neste momento está perfeitamente convencido de que possui o mais forte e o mais decidido conjunto na campanha pelo cetro. Os jogadores estão verdadeiramente inspirados e fortalecidos. Ganharam o duelo que merecia maior respeito e se preparam para a outra batalha com grande confiança. Irá preliar certo de que obterá um novo triunfo magistral."

Só faltava, claro, combinar com o Palestra.

Se o mês de agosto foi tranquilo para os palestrinos dentro de campo, o mesmo não se pode dizer dos acontecimentos fora dele. No dia 17 de agosto, uma nova denúncia de suborno agitava o campeonato – e colocava, desta vez, o clube do Parque Antarctica no olho do furacão.

Victor Lovechio, goleiro reserva do Santos, afirmou ter sido procurado, antes do confronto na Vila Belmiro, por um indivíduo "de suas relações de amizade" que lhe propôs "uma compensação de três contos de réis e mais um terno de roupa" para prejudicar propositadamente seu clube na peleja contra o Palestra. A *Folha da Noite* de 18 de agosto descreveu o suposto golpe: "Victor Lovechio fingiu aceitar a proposta e dela deu conhecimento à diretoria do seu clube. Mas o arqueiro destacado para jogar foi Nobre, o qual ignorava a proposta indecorosa. Não obstante, atendendo a uma determinação de Armando Erbisti, ajoelhou-se e fingiu amarrar as chuteiras logo no início do jogo, pois essa fora a senha combinada entre Victor Lovechio e o proponente. O dinheiro foi entregue a Victor Lovechio, que o encaminhou à diretoria do alvinegro." De acordo com o atleta, o intermediário agira a mando de diretores da agremiação adversária.

O Santos prometia, já no dia seguinte, levar o bombástico fato ao conhecimento da Federação Paulista de Futebol, quando o arqueiro revelaria todos os nomes envolvidos na história. Por algum motivo, só o fez mais de uma semana depois – deixando boa parte dos jornalistas desconfiados da veracidade da história. Mas nem todos, infelizmente: quando Lovechio deu sua versão do caso, alguns periódicos, com sede de sangue, assanharam-se em condenar sumariamente os palestrinos.

"Com pleno conhecimento do assunto, dando instruções e entregando o dinheiro aos mandatários, orientando enfim a vergonhosa transação, aparecem em primeiro plano, como principais culpados, dois diretores do Palestra: Artur Amato e Leonardo Lotufo. Como elemento de ligação entre Victor Lovechio e os mandantes, surge um tal Dante Pássaro. São esses os três nomes enredados na ignóbil trama. A récua desses trampolineiros do esporte precisa ser afastada. É necessário que um processo criminal seja intentado contra os acusados. O futebol bandeirante não pode, de forma alguma, ficar à mercê desses conspurcadores do espírito esportivo, que ainda pensam que o dinheiro tudo compra", vociferou o *Diário Popular* na edição de 27 de agosto.

A resposta do Palestra de São Paulo foi tão rápida quanto incisiva. No mesmo dia, em comunicado oficial assinado pelo secretário-geral Paschoal Giuliano, o clube negou categoricamente as acusações e urgiu os paulistanos a acompanhar as investigações dos órgãos competentes. "A respeito do relatório apresentado pelo Santos F. C. com as declarações do jogador Victor Lovechio, as quais foram publicadas por vários jornais e comentadas por diversas estações de rádio, a direção do Palestra de São Paulo vem a público para declarar que, não tendo a diretoria em absoluto nenhum conhecimento dos acontecimentos propalados e sendo os diretores visados pessoas de inteira e absoluta confiança, estando, ainda, o caso entregue ao julgamento da Federação Paulista de Futebol, aguardará, serenamente, o resultado final, certa de que as falsas e pueris afirmações contidas nas referidas e maldosas declarações serão facilmente refutadas."

Após análise dos fatos, a federação julgou a acusação improcedente – e, por isso, nem chegou a encaminhar a questão à Diretoria de Esportes. Considerando que denúncias vazias como essa apenas faziam manchar o nome do esporte paulistano, o jornal *A Gazeta* cobrou energia das autoridades, sugerindo uma "nota oficial" para "lançar à execração pública" o nome do acusador, evitando assim o aparecimento de falsos escândalos. "Não vamos entrar em detalhes nessa questão que veio abalar profundamente a opinião pública, criando, como criou, uma atmosfera pesada, prejudicial ao popular esporte, vítimas de inimigos que se dizem seus salvadores. As trombetas do sensacionalismo deram largas ao rumoroso caso do propalado suborno, prestando, mais uma vez, extraordinário desserviço ao futebol."

O golpe mais baixo, porém, ainda estava por vir.

Quando o sol de 15 de agosto mergulhou no Oceano Atlântico, o navio Baependy, embarcação da frota do Lloyd Brasileiro que deixara Salvador com destino a Recife, aproximava-se do farol do rio Real, no litoral de Sergipe. Os 233 passageiros, a maioria militares do Exército, haviam acabado de jantar. Naquele momento, ao lado dos 73 homens da tripulação, os viajantes comemoravam animadamente o aniversário do imediato Antônio Diogo de Queiroz. Rá... Tim... Bum! Repentinamente, um estampido abalou o barco. Um torpedo lançado pelo submarino alemão U-507 atingiu o Baependy. Dois minutos depois, com outro projétil no casco, o navio foi a pique. O resultado: 215 passageiros e 55 tripulantes mortos.

Comandado pelo capitão Harro Schacht, o voraz *Unterseeboot* não se contentaria com o estrago. Algumas horas depois, a nave germânica aproximou-se do Araraquara, que também saíra de Salvador em direção ao Norte do país; precisamente às 21h03, lançou dois torpedos que afundaram o mercante de 4.871 toneladas em cinco minutos. Das 142 pessoas a bordo, 131 perderam a vida. E tinha mais. Sete horas depois do segundo golpe, o submarino atacou também o Aníbal Benévolo. Dois petardos – um na popa, outro na casa de máquinas – meteram a embarcação de

1.905 toneladas no fundo do mar. Todos os 83 passageiros, a maioria deles recolhidos às suas cabines, morreram; dos 71 tripulantes, só quatro sobreviveram. Em menos de oito horas, o brinquedo assassino de Adolf Hitler afundara três navios brasileiros e matara mais de 550 homens.

O país ainda se comovia com os pérfidos ataques quando o U-507, assombrosamente, voltou à carga. Às 10h45 do dia 17, próximo à cidade de Vitória, *Herr* Schacht disparou contra o Itagiba. Mais 36 cadáveres. O Arará, que se dirigia de Salvador para Santos, parou para socorrer a embarcação – e acabou se tornando a quinta vítima dos fatais torpedos alemães. Os 20 mortos do Arará fizeram a conta das baixas brasileiras nos dois dias anteriores raspar nas seis centenas.

Mesmo depois do rompimento diplomático com o Eixo, em janeiro, navios brasileiros já haviam sido afundados por embarcações germânicas, mas longe da costa nacional – e Getúlio Vargas, considerando as ocorrências inerentes ao contexto internacional, preferira não tomar medidas mais drásticas. Desta vez, contudo, os submarinos avançaram sobre o litoral brasileiro, atacando navios em tráfego doméstico. Era difícil segurar o desejo de vingança. Em 22 de agosto de 1942, em resposta à ação submarina alemã, o governo federal anunciou o estado de beligerância entre o Brasil e as potências do Eixo. Mas apenas isso não seria suficiente para aplacar a ira da população com os atentados. Em 31 de agosto, o país declarava guerra à Alemanha, à Itália e ao Japão e tomava parte, enfim, na maior batalha da História.

Contudo, o anúncio seguiria sem produzir um revide concreto do ponto de vista militar. O envio de tropas verde-amarelas aos teatros de operações, uma das principais reivindicações dos cidadãos, só começaria a ser esquematizado no ano seguinte – os primeiros pracinhas da Força

Expedicionária Brasileira partiriam para a Itália apenas no longínquo mês de julho de 1944. Em compensação, o ingresso oficial na guerra traria de uma vez por todas, dentro do território nacional, o inferno à vida de italianos, alemães e japoneses – e até mesmo de alguns brasileiros. Entre eles, a Sociedade Esportiva Palestra de São Paulo.

Por conta de sua origem italiana, o clube se viu mais uma vez na alça da mira dos patriotas de ocasião. Desta vez, agentes simpáticos ao São Paulo Futebol Clube – ao que consta, sem o apoio ou o consentimento oficial do clube – orquestraram uma perniciosa campanha contra o alviverde, não por coincidência a poucas semanas da partida que valeria o título do Campeonato Paulista de 1942, a ser disputada justamente entre os rivais. Toda a cidade sabia da importância da conquista para os são-paulinos; poucos, porém, imaginavam que seus partidários pudessem ir tão longe na tentativa de desestabilizar o adversário. Abria-se uma página negra na história do futebol nacional.

Na cabeça da ofensiva estava a Rádio Record, emissora de Paulo Machado de Carvalho, nome de peso na vida política do tricolor. A "Maior" passou a usar seus programas para, de forma sistemática, transmitir aos paulistanos que apenas o São Paulo Futebol Clube era um legítimo representante dos clubes brasileiros – em oposição a seu concorrente direto ao título do Paulista, o Palestra, este um clube "estrangeiro", influenciado pelo Eixo. O bordão foi adotado pela torcida são-paulina e criou, como era esperado por seus mentores, um clima extremamente desfavorável aos alviverdes. Nem poderia ser diferente. Com a Segunda Guerra comendo solta, alinhar-se ao inimigo era atitude não apenas antipatriótica como também criminosa – e todos sabiam até onde o Estado Novo era capaz de avançar para erradicar tal comportamento.

Na cola dessa manobra explícita, arquitetaram-se também infames atividades sub-reptícias para minar as forças da agremiação do Parque Antarctica. Espalhados pela cidade de São Paulo, cartazes apócrifos garantiam que o Palestra era um clube de quintas-colunas, para os quais apenas a prisão era um destino aceitável. (Seis décadas mais tarde, Ruy Mesquita, da tradicional família proprietária do jornal *O Estado de S. Paulo*, assumiria, devidamente envergonhado, sua parte na operação, em um depoimento gravado em outubro de 2003 para o projeto "São Paulo de todos os brasileiros", do portal *vivasp.com*. "Foi uma vergonha para nós, são-paulinos. Eu nunca me perdoei após esse vexame", confessou.)

Para obter sucesso em sua campanha, os detratores do alviverde criaram teorias fantasiosas: a principal delas denunciava a existência de uma célula fascista no clube da Água Branca. Prova disso, diziam, era o fato de que membros do governo de Benito Mussolini mereceram recepção com pompa e circunstância no Parque Antarctica em suas visitas ao Brasil – casos do presidente do senado italiano, Luigi Federzoni, em 1937, ou dos integrantes da Força Aérea Italiana, em 1938, esquadrilha que contava com a presença do tenente Bruno Mussolini, filho do *Duce*. Os chamados Ratos Verdes, que haviam acabado de completar uma tremenda façanha – o primeiro *raid* direto entre Dacar e Rio de Janeiro –, chegaram até mesmo a posar para fotos com o time de futebol do Palestra Italia.

Associar tais cerimônias a uma conexão fascista, contudo, representava uma distorção maquiavélica. Era natural que os representantes oficiais da Itália, cuja soberania política era reconhecida em todo o planeta, fossem recebidos, em tempos de paz, na sede de uma agremiação que tinha laços históricos com seu país – e não com o fascismo. A memória seletiva dos difamadores convenientemente esquecia-se de que, nas mesmas viagens, os visitantes italianos haviam sido acolhidos em caráter oficial pelas autoridades do próprio governo brasileiro. No Rio de Janeiro, Federzoni visitou o Senado, onde foi ciceroneado pelo presidente da casa, Antônio Garcia de Medeiros Netto, e demais senadores, que sorveram uma taça de champanhe em comemoração à presença ilustre. Já Bruno Mussolini e os Ratos Verdes mereceram uma audiência com ninguém menos do que o poderoso chefe da nação, o varonil Getúlio Vargas, como relatou a *Folha da Manhã* de 29 de janeiro de 1938.

Portanto, se a preocupação dos supostos patriotas fosse com a segurança nacional, seria preciso, antes de qualquer coisa, empastelar o Palácio do Catete. Mas, evidentemente, seus interesses eram outros – e bem menos nobres.

Setores da imprensa acompanhavam com espanto e preocupação o desenrolar da trama deflagrada por uma das mais importantes empresas de comunicação da metrópole e seus capatazes, mas nem todos tinham coragem de se contrapor publicamente a eles. Entre estes, certamente não estava Ari Silva, presidente da Associação dos Cronistas Esportivos do Estado de São Paulo. No dia 2 de setembro, em seu programa "Bola no ar", na Rádio Bandeirantes, o jornalista comentou o absurdo das acusações e alertou para o potencial destruidor dos promotores da discórdia.

*Estamos vendo dentro do setor esportivo muitas coisas que, a nosso ver, não se justificam, pois fogem elas, por completo, às diretrizes até agora dadas às realizações das nossas autoridades em geral. Condenamos certas atitudes que temos visto, e tal coisa afirmamos com absoluta calma, com absoluta isenção de ânimo. É contra o chamado* slogan *de que se apossou uma certa parte da torcida são-paulina, dizendo a todo e qualquer momento: o São Paulo é um clube brasileiro. Ora, amigo ouvinte. Tal coisa não fica bem. Não somos criança de grupo escolar e atingimos plenamente o escopo da afirmativa. Mas, para quem não entende, e infelizmente é essa a maioria dos fãs, tal slogan da torcida são-paulina soa muito mal, pois é preciso considerar que todos os clubes são brasileiros.*

*Assim sendo, o São Paulo é um clube tão brasileiro como o é o Comercial, como o Espanha, Portuguesa de Santos, Corinthians, Santos, Portuguesa de Esportes, Juventus, Ypiranga, S. P. R. e o Palestra. Ontem, um colega de redação, através de uma polêmica muito amistosa que mantivemos, nos fez ver que até razões de ordem biológica deveriam impedir que nos manifestássemos a favor do Palestra. Entretanto, o que vemos não são os ideais políticos que porventura medraram dentro do alviverde em épocas passadas, ou que porventura medram ainda em potencial. O que é preciso ver é que o Palestra é um clube esportivo que sempre trabalhou para o progresso do esporte paulista, e, concomitantemente, brasileiro.*

*Eis porque, amigo ouvinte, lhe pedimos de coração: cultive a sua rivalidade esportiva, pois sem ela seria impossível acreditar no esporte. Não cultive, porém, ódios injustificados, como bem frisou ontem o senhor Getulio Vargas. Não acumule recalques que, explodindo, poderão trazer consequências bastante desastrosas. Vamos torcer nos campos de futebol, seja para o Espanha ou a Portuguesa Santista, seja para o Palestra ou o São Paulo Futebol Clube. O resto, deixe para as nossas autoridades. Elas sempre estiveram e agora mais do que nunca estão vigilantes. Assim é que se trabalha para o Brasil. O resto tudo não passa de realizações que só podem trazer desorganização.*

*Mas, infelizmente, era justamente essa a intenção dos provocadores, como o Diário da Noite, sem rodeios, também traduziria com propriedade em sua edição paulistana.*

*Como o público esportivo não ignora, foram lançados pela cidade panfletos diversos, tendentes a provocar desarmonia, e tornar a rivalidade esportiva um motivo de choques, dos quais podem resultar conflitos prejudiciais à boa ordem que deve reinar, especialmente no momento que atravessamos. Os boletins distribuídos visavam colocar o Palestra de São Paulo numa situação insustentável, pois diziam esses elementos mal-intencionados que o clube do Parque Antarctica não estava enquadrado nas leis nacionais e que em seu seio imperam elementos contrários ao regime brasileiro.*

*Os elementos incógnitos, autores de uma falsa obra, não tiveram coragem para lançar seus nomes no pedestal de seu trabalho, mas, anônimos, o lançaram, e com tal habilidade que alguns fanáticos os levaram a sério. O indivíduo que agir com bom senso, que souber compreender a situação do Brasil, não pode, sendo bom brasileiro, estar ao lado daqueles que, dando aos outros o título de "quinta-colunistas", praticam ações tendentes a criar confusão, a dar origem a casos que congestionem a marcha natural da nossa vida.*

Como primeiro resultado das ferroadas viperinas, bares e salões de barbeiro da Pauliceia foram tomados por um ruidoso boato: o Palestra desistiria do Campeonato Paulista de 1942, deixando de cumprir seus compromissos restantes. *O Diário Popular* de 1º de setembro noticiava os rumores e ainda especulava as causas de tal resolução. "Uns ligavam o fato ainda ao caso do suborno do arqueiro Nobre; outros achavam que a decisão seria tomada por causa dos últimos acontecimentos internacionais, por considerar o alviverde um clube da colônia italiana; outros mais atribuíam o caso às declarações de dois mentores são-paulinos, que, depois do encontro com o Corinthians, teriam afirmado pelo microfone de uma emissora que o São Paulo seria o campeão paulista, porque era um clube genuinamente brasileiro."

Sem demora, o presidente Italo Adami foi a público para pulverizar as intrigas, antes que estas pudessem tirar o foco do time, prestes a realizar a partida mais importante do ano. "O Palestra continuará firme ao lado dos seus companheiros na disputa do certame. Jamais cogitou abandonar o campeonato de 42 e tudo fará para se sagrar campeão. O clube venceu no passado outros obstáculos tão ou mais sérios que os atuais, e também procurará sair-se airosamente dessa onda que se articula contra ele", declarou ao mesmo *Diário Popular.*

Pelos lados do Parque Antarctica, entretanto, a desestabilização da equipe de futebol era vista apenas como um objetivo secundário de seus detratores. Os alviverdes de então não tinham dúvida de que todo aquele ardil havia sido armado, em primeiro lugar, para a execução de um plano muito maior. Uma espécie de loucura do século dos oportunistas de plantão: a tomada do Parque Antarctica pelo São Paulo Futebol Clube.

Delírio palestrino? Talvez. Mas um perigoso precedente legitimava tal teoria.

No começo do ano, quando o governo determinou a nacionalização das entidades esportivas no país, uma das primeiras a atender ao chamado fora a Associação Alemã de Esportes – Deutscher Sport Club no idioma de seus fundadores. Logo no início de fevereiro, o clube, composto em sua totalidade por germânicos e seus descendentes, enviou um ofício à Diretoria de Esportes do Estado de São Paulo a fim de adequar sua situação às novas regras federais. Em atividade desde 1932, fruto da fusão entre a Sociedade Alemã de Esportes Aquáticos e o Club de Natação Estrela, a agremiação contava com uma belíssima sede no Canindé, onde, conforme preconizava o artigo 2º de seu estatuto, tratava de "promover todos os esportes, principalmente os aquáticos", e festivais que visassem "estreitar os laços de solidariedade entre brasileiros e súditos alemães residentes no Brasil".

Desde o eclodir da Segunda Guerra Mundial, em 1939, a Associação Alemã vinha sendo acompanhada muito de perto por agentes da Delegacia de Ordem Política e Social, receosos de que o espaço se tornasse um reduto nazista em São Paulo. Mas o temor se provou infundado, e os agentes do governo brasileiro, sem constatar manifestações contrárias aos preceitos do Estado Novo, seguiam autorizando, anualmente, o funcionamento da agremiação. Por esse motivo, a diretoria do Deutscher Sport Club esperava conseguir sem sobressaltos, mais uma vez, o alvará que lhe permitiria manter seu pavilhão verde e negro tremulando nas disputas dos campeonatos de atletismo, natação e handebol, modalidades em que a entidade rivalizava com as potências esportivas da cidade, como o Tietê e o Germânia – que, aliás, passara pelo mesmo processo em 1938 e pôde continuar com suas atividades sem nenhum tipo de problema.

Todavia, no momento em que Sylvio de Magalhães Padilha determinou o nome do interventor responsável por conduzir os trâmites de nacionalização, a história do clube do Canindé começou a encontrar seu crepúsculo. Por meio da portaria 3/42, o chefão da Diretoria de Esportes colocou o destino das confortáveis e bem-equipadas instalações da Associação Alemã de Esportes nas mãos nada desinteressadas de Nelson Fernandes – que, além de tesoureiro da Federação Paulista de Futebol, era um dos integrantes do novo Conselho Deliberativo do São Paulo. E não era segredo para ninguém que o tricolor, em plena campanha de aumento do quadro associativo, precisava com urgência de uma sede de campo para oferecer a seus membros, já que seu pequeno espaço social na rua Dom José de Barros, no centro da cidade, não tinha lá muitos atrativos. Não deu outra: foi como colocar a raposa para tomar conta do galinheiro. Um mês depois, a Associação Alemã de Esportes era extinta e o São Paulo Futebol Clube passava a ocupar sua sede.

O processo, no papel, foi todo legítimo. No início de março, jornais da capital trouxeram anúncios do interventor convocando os sócios do Deutscher Sport Club para uma assembleia geral extraordinária, na qual se deliberaria sobre a "nacionalização da associação, de acordo com as leis brasileiras, inclusive reformas estatutárias". Estes compareceram ao encontro, ouviram as possibilidades a ser seguidas, e, surpresa, aprovaram por unanimidade exatamente o caminho sugerido por Nelson Fernandes. Tudo foi conduzido de acordo com o protocolo, sem ameaças explícitas ou invasão armada. Mas é preciso muita ingenuidade para acreditar que os sócios do Deutscher Sport Club tivessem outra opção senão ajoelhar e dizer amém às palavras do todo-poderoso representante do Estado Novo, que habilmente direcionou os procedimentos de tal forma que seu clube pudesse se alojar no recanto da zona Norte.

Nos dias seguintes à reunião, a imprensa anunciava o ocorrido e celebrava a conquista da tão esperada sede de campo do tricolor. "Essa área é dotada de magníficas instalações para atletismo e bola ao cesto e possui, ainda, uma piscina. Com a fusão passaram para as hostes do São Paulo mais de mil sócios", informou o *Diário Popular* de 17 de março. Isso mesmo: em uma grande demonstração de amor ao próximo, os são-paulinos permitiram que os membros da Associação Alemã continuassem usufruindo da estrutura esportiva que haviam construído com seu rico dinheirinho – mediante, claro, o pagamento em dia das mensalidades.

Da mesma forma que o *Diário Popular*, alguns periódicos se referiram ao processo de desaparecimento do Deutscher Sport Club como uma "fusão". O emprego do termo era obviamente equivocado, já que uma fusão implicava a concordância de ambos os lados com o negócio – e era evidente que os germânicos, apesar de oficialmente subscreverem a extinção do clube, nada palpitaram no processo. De qualquer forma, a bem da justiça, o próprio Nelson Fernandes tratou de desfazer o eufemismo: em 21 de março, o interventor ocupou um espaço na *Folha da Noite* para esclarecer devidamente a questão. "Erroneamente, alguns jornais vêm falando em fusão. Não houve tal. Houve sim uma incorporação. Aliás, somente uma incorporação poderia ser aprovada pelas autoridades, porque, como já se disse, apenas deveriam ser atendidos os altos interesses do Brasil", afirmou o conselheiro tricolor.

No texto, Nelson Fernandes também fornece preciosos detalhes de seu *modus operandi*. "Estabelecidos os planos de nacionalização, restaram dois caminhos a seguir. Uma reforma estatutária, com o ingresso de elementos novos para a Associação, que deveria também substituir o seu nome, ou a incorporação pura e simples por um organismo 100% brasileiro. O bom senso mandava que se optasse pela segunda hipótese, e as minhas vistas voltaram-se para o 'clube mais querido da cidade'", revelou o interventor, sem pudores. "Feitas as necessárias negociações, culminou o plano de incorporação na Assembleia Geral Extraordinária, realizada no dia 13 do corrente. A unanimidade absoluta da assembleia votou para que a incorporação se processasse pelo São Paulo Futebol Clube. No dia seguinte, isto é, 14 de março, a Delegacia de Esportes do Estado de São Paulo dava o seu 'aprovo' à ata de incorporação."

Por esses e outros valiosos esforços para a concretização do "feliz negócio da incorporação da Associação

Associação Allemã de Esportes
Deutscher Sport Club
SÃO PAULO
(Canindé)

# Em plena atividade a praça de esportes do S. Paulo F. C.

O S. Paulo F. C. acaba de entrar em plena atividade na sua praça de esportes do Canindé, um Capital. O tricolor realizou, enfim, seu velho sonho de ter casa. Aí aparecem 4 lindas vistas modo concorrida pelos socios e se

Alemã de Esportes", como bem definiu Manoel do Carmo Meca, seu colega no Conselho Deliberativo do São Paulo, Nelson Fernandes foi brindado, na reunião do dia 20 de março do comitê tricolor, com o honroso título de Sócio Benemérito, ato já aprovado pela diretoria.

(O "negócio" só não foi melhor porque, no momento da incorporação, a Associação Alemã de Esportes ainda não havia finalizado o processo de compra do terreno de sua sede – apenas o sinal havia sido quitado com o proprietário. Assim, o São Paulo precisou colocar a mão no bolso e assumir as parcelas remanescentes a fim de receber a escritura.)

Os novos donos tomaram posse do pedaço muito rapidamente: sob o título "Em plena atividade a praça de esportes do São Paulo F. C.", a edição da *Gazeta Esportiva* de 6 de abril já trazia fotografias do Canindé sob a direção tricolor. Na fachada da sede principal, o escudo de cinco pontas abençoava o recanto. Moçoilas tomavam sol em um bem-aparado gramado. Era, enfim, um paraíso para toda a família. "O São Paulo acaba de entrar em plena atividade na sua praça de esportes do Canindé, uma das mais lindas localidades para a prática de exercícios físicos ao ar livre desta capital. O tricolor realizou, enfim, seu velho sonho de ter casa."

Como acontece com todo grande clube de futebol, o próximo passo do São Paulo, naturalmente, deveria ser pensar em um estádio próprio. E, associando o histórico recente do tricolor à explosiva campanha dos partidários são-paulinos contra o alviverde, os palestrinos temiam que esse pudesse ser o seu.

Oficialmente, não havia rusgas entre as diretorias de Palestra e São Paulo. Em diversas entrevistas aos jornais da capital, os paredros do clube do Parque Antarctica reiteravam sua convicção de que a onda de calúnias não partira da agremiação rival. Mas o silêncio do estado-maior de Decio Pedroso, que jamais condenou em público os ataques disparados pela emissora de um de seus dirigentes mais poderosos, deixou os alviverdes, por via das dúvidas, com os dois pés atrás.

Já os aficionados alviverdes, por sua vez, tinham certeza que se desenhava nos arraiais tricolores um plano para o encampamento do Parque Antarctica. Tanto é que, de modo espontâneo, torcedores de diversas partes da cidade já se movimentavam para arregimentar, caso a situação assim exigisse, uma brigada para a defesa do estádio – entregar passivamente o patrimônio, como a Associação Alemã de Esportes o fizera, não era uma ideia admitida. E os legionários iam além: caso a missão fracassasse, planejavam incendiar barris de combustível previamente colocados dentro da arena para inutilizar por completo a praça de esportes. Comprado exclusivamente com os esforços da coletividade esmeraldina, o Parque Antarctica, se não ficasse com o Palestra de São Paulo, não ficaria com ninguém.

Apesar de soar um tanto apocalíptico, esse cenário era considerado possível pelos líderes do clube. Por isso, diante do alto potencial destrutivo da onda de difamações, a diretoria tratou de proteger institucionalmente o Palestra – e prepará-lo para a guerra, fosse ela de nervos ou não.

A principal preocupação de Italo Adami, Hygino Pellegrini e companhia limitada era com uma possível intervenção na entidade. Na hipótese de que os boatos tomassem corpo e o alviverde fosse realmente considerado pelas autoridades uma agremiação "estrangeira" – por mais surreal que isso pudesse parecer –, um representante da Diretoria de Esportes seria designado para definir seus rumos. Com isso, o futuro do Palestra não mais estaria nas mãos dos palestrinos – e o caminho ficaria livre para os oportunistas. Visando manter distante esse terrível pesadelo, os diretores alviverdes convocaram um legítimo gladiador para liderar sua tropa de choque: Adalberto Mendes, capitão do Exército Brasileiro.

Aos 40 anos de idade, o militar sergipano não era um estranho ao mundo do futebol. Na década de 1930, no Rio de Janeiro, cidade onde fizera toda sua carreira, atuara com brilhantismo como diretor de esportes do Vasco da Gama. Transferido para a capital paulista no início de 1942, Adalberto Mendes foi convidado pelos ilustres alviverdes Armando Gargaglione e Ernani Jotta, que já o conheciam de sua atividade no alvinegro carioca, a visitar o Parque Antarctica. Não demorou para que o nordestino entrasse para o quadro social da entidade – que, aliás, já contava com outro oficial de respeito: o tenente Claudio Cardoso, preparador atlético do time profissional.

E o entusiasmo do capitão pelas coisas do Palestra – notadamente seu empenho em resguardar o clube das mentiras que lhe eram imputadas – levou o presidente Italo Adami a convidá-lo a integrar oficialmente a diretoria. No dia 1º de setembro, em reunião no Parque Antarctica, Adalberto Mendes foi nomeado 2º vice-presidente do Palestra de São Paulo, ocupando o lugar de João Giannini, que havia solicitado, por motivos pessoais, afastamento do cargo.

Entrevistado pelo *Diário da Noite*, Adalberto Mendes mostrou-se à altura do desafio. "Como brasileiro que sou, filho do nosso glorioso Nordeste, sinto-me profundamente mal quando ouço insidiosas insinuações políticas, correlacionadas com a política internacional, em prejuízo do meu clube. Quero dizer mais uma vez que meu clube não foi fundado para orientar facção política alguma, e sim para os desportes, sem a mínima seleção de raça, a despeito de seus fundadores terem sido italianos. Devemos nos lembrar, aliás, que 80% dos filhos de São Paulo são daquela origem e nem por isso deixam de ser hoje os bons brasileiros que de fato o são, constituindo a maior unidade da União brasileira, o nosso grande São Paulo. Daí concluir-se, sem grande esforço, a deficiência psicológica de alguns despeitados, talvez menos brasileiros que a maioria dos palestrinos, em querer fazer do Palestra um bode expiatório."

Rapidamente, o novo vice-presidente tomaria a linha de frente da resistência alviverde. Pouco depois de sua posse, o *Moscardo* noticiava que uma comitiva palestrina se dirigira ao quartel general da rua Conselheiro Crispiniano para comunicar ao comandante da 2ª Região Militar, general Maurício Cardoso, que o Parque Antarctica estava ao "inteiro dispor" do Exército Nacional – desencorajando qualquer plano de invasão que usasse como justificativa a nacionalidade "estrangeira" do clube. Certamente não por coincidência, a revista *Vida Esportiva Paulista* também anunciava uma nova divisão esportiva no clube. "O Palestra a serviço do Brasil! A linha de tiro do alviverde, um dos grandes sonhos de todas as diretorias palestrinas, já é uma afirmação no grêmio da Água Branca. As inscrições estão abertas para todos os sócios interessados, que deverão procurar, na sede social, melhores esclarecimentos."

Literalmente, o Palestra se armava para a batalha.

Ainda no começo de setembro, o alviverde anunciou a doação de toda a renda líquida que lhe coubesse no jogo decisivo contra o São Paulo para os familiares das vítimas dos navios brasileiros torpedeados pelos submarinos do Eixo. Como a expectativa era de uma arrecadação recorde para o Choque-Rei de 20 de setembro, calculava-se em até

100 contos o valor líquido da doação – um montante astronômico, quase metade da quantia a ser desembolsada pelo São Paulo na compra de Leônidas da Silva.

Sem precedentes na história do esporte brasileiro, a incrível oferta fez o presidente da Confederação Brasileira de Desportos sair de seu gabinete e se dirigir ao Parque Antarctica especialmente para agradecer a iniciativa. "O doutor Luiz Aranha exteriorizou a sua viva satisfação por essa atitude do clube de Italo Adami, mostrando-se ainda profundamente grato por ter sido distinguido para proceder à entrega da preciosa contribuição às famílias dos nossos irmãos impiedosa e traiçoeiramente sacrificados", relatou a *Gazeta* do dia 5 de setembro, que trouxe a transcrição do recado deixado pelo visitante no livro de honra da instituição. "O Palestra é um clube brasileiro porque trabalha pelo engrandecimento desportivo do Brasil!"

Esta não era, porém, a primeira vez que o Palestra se prontificava para o auxílio de nobres causas paulistas ou brasileiras, como bem lembrava Vicente Ragognetti em artigo para a *Vida Esportiva Paulista*. "A brasilidade do Palestra tem títulos de glória no passado, com a oferta de toda a sua sede social, de todos os seus meios financeiros, de todos os seus elementos de produção, quando o Brasil teve a desventura fatal de suportar os hediondos dias de epidemia gripal, em 1918, e tudo entregou à Cruz Vermelha Brasileira. Em 1932, o Palestra, sem seguir o exemplo de ninguém, deu as suas taças, os seus bronzes, os seus troféus, as suas medalhas ao sacrifício daquilo que – então – poderia ser o pugilo de sonhadores." O Palestra e o Corinthians também haviam sido os primeiros a atender ao apelo do general Maurício Cardoso, organizando dois jogos – um em 1940, outro em 1941 – em prol da construção do monumento a Duque de Caxias, patrono do Exército.

## Adalberto Mendes

O Snr. Adalberto Mendes, atual vice-presidente do Palestra de S. Paulo

**PRO' FAMILIAS DAS VITIMAS DO "EIXO"** — Ainda repercute da maneira a mais expressiva possivel a louvavel iniciativa da diretoria palestrina, doando a parte que couber ao Palestra na renda do prelio do dia 20, em beneficio das familias das vitimas do "eixo" e que foi recebida sob vivissimas aclamações de aplausos de todas as esferas esportivas e sociais do país. No clichê está estampado o documento fotografico da importante decisão, quando o Dr. Rafael Parisi, presidente do Conselho Deliberativo, fazia ciencia á casa do que se projetara. João Gianini, Edmundo Scala, P. V. B. Giuliano, Higino Pellegrini, Vicente Ragognetti, Italo Adami, Atilio Ricotti, Saverio Mandetta, Odilio Cecchine, Armando Gargaglione, João Minervino e outros proceres palestrinos ouvem a palavra da personalidade maxima do alvi-verde.

(A gigantesca escultura de Victor Brecheret, com 48 metros de altura, deveria ter sido erguida ainda na primeira metade dos anos 1940, no largo do Paissandu, mas só apareceria em 1960, na praça Princesa Isabel.)

Mas, enquanto o Palestra, mais uma vez, deixava seu contributo de peso, os outros clubes não fizeram menção de tirar a mão do bolso – a não ser em pequenas e simbólicas contribuições. O *Moscardo*, claro, não deixou por menos. "Esse negócio de ser patriota no nome e na garganta é velho e não tapeia mais ninguém. Patriota no duro foi o Palestra: a maior renda de sua vida, a maior renda que poderia dar um jogo de campeonato em São Paulo, foi dada com gesto espontâneo, e sem seguir o exemplo de ninguém – servindo, aliás, inutilmente de exemplo aos outros papudos –, aos que em primeiro lugar foram sacrificados em nome da pátria. O Palestra tem o nome de palestra, mas os outros, em matéria de patriotismo, são somente... Palestra fiada."

Diante de tanta controvérsia entre alviverdes e tricolores, era natural que em toda a cidade só se falasse no clássico do dia 20. Antes de se enfrentarem, porém, Palestra e São Paulo ainda tinham duas pelejas pela frente. O time de Armando Del Debbio encararia um corredor português: pegaria a lusa paulistana no Pacaembu, no dia 8 de setembro, e desceria a serra para enfrentar a santista, no dia 13. Já a esquadra de Conrado Ross enfrentaria, nas mesmas datas, o Comercial e a Portuguesa de Esportes, ambos os jogos no Estádio Municipal.

A primeira partida do Palestra, contra a Portuguesa de Esportes, era considerada de alto risco entre os diretores – afinal, havia sido no prélio contra os rubro-verdes que

Junqueira e companhia contabilizaram um de seus dois únicos pontos perdidos no campeonato. Os mais supersticiosos roíam as unhas lembrando também as peças que a Portuguesa pregara no velho Palestra Italia, quebrando sua invencibilidade nos campeonatos de 1933 e 1937. Mas, naquela noite, os periquitos espantariam a asa negra e venceriam com autoridade: 4 a 0, gols de Cabeção, Villadoniga, Lima e Claudio – nem a contusão do atacante uruguaio, que precisou sair de campo antes do final do jogo, estragou a intensa celebração dos fãs.

No mesmo Pacaembu, à tarde, o São Paulo já vencera, também sem sustos, o Comercial, por 4 a 0. E repetiria mais uma vez a "tabela" contra a Portuguesa, triunfando por 4 a 1. Com esses resultados, para manter a confortável distância de dois pontos à frente do tricolor, o Palestra precisaria vencer sua partida em Santos, contra a Briosa.

Na teoria, tudo indicava uma partida tranquila – afinal, a Portuguesa Santista era a antepenúltima colocada do campeonato e ainda por cima vinha de uma derrota para o lanterninha Comercial. Mas a proximidade da decisão do torneio emprestou proporções jamais imaginadas ao confronto com o time da Baixada. Vacinada que estava contra o favoritismo, a diretoria palestrina, prevendo dificuldades para seu esquadrão no acanhado Ulrico Mursa, havia oferecido, de forma oficial, 30 contos de réis à Portuguesa para que o jogo fosse realizado em São Paulo – oferta recusada pelo presidente Edgard Fernandes Navarro, que garantiu não mandar o jogo na capital "nem por cinquenta contos". Em 5 de setembro, o *Diário da Noite* revelava que a Briosa teria uma forcinha extra para vencer o Palestra. "Sabe-se também que os defensores do rubro-verde terão dois contos de prêmio para triunfar sobre o grêmio da Água Branca, sendo que parte dessa importância lhe será dada por um simpatizante do São Paulo Futebol Clube."

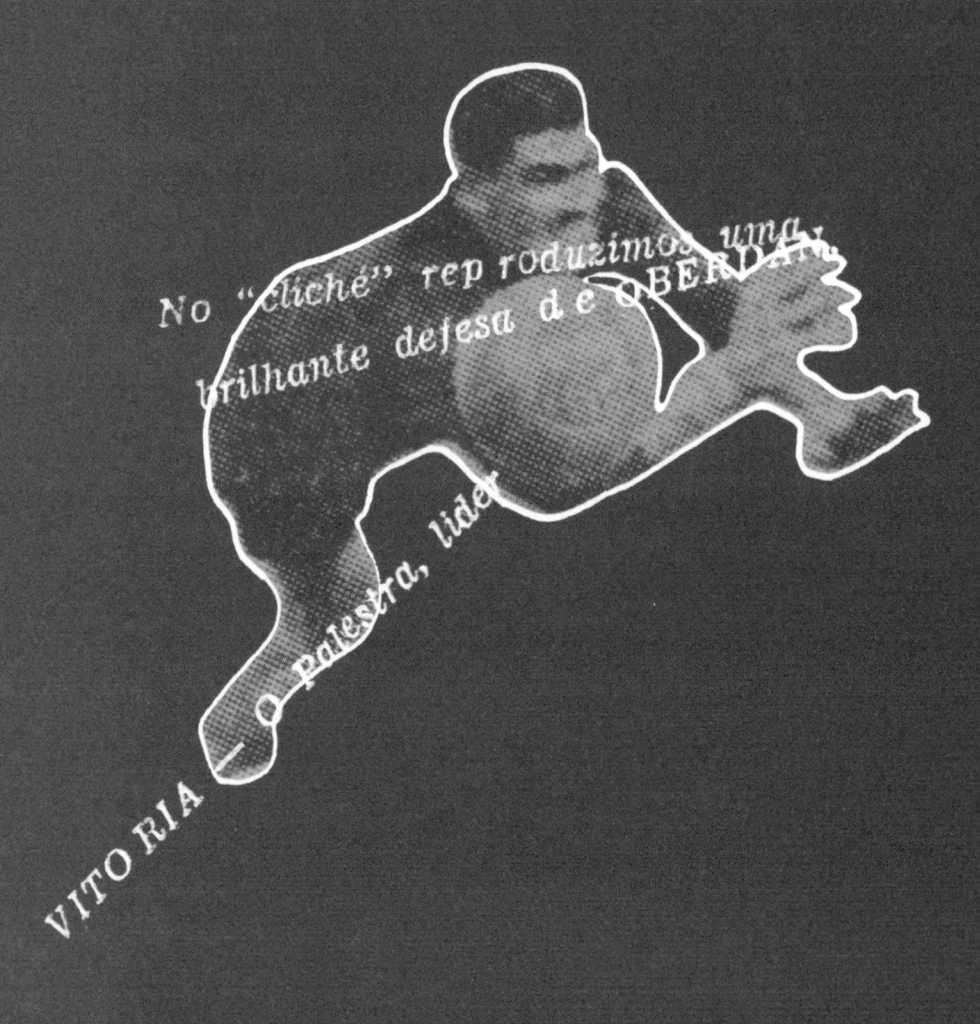

No "cliché" reproduzimos uma brilhante defesa de OBERDAN, o palestra, líder VITORIA

De fato, o incentivo recorde impulsionou a Portuguesa Santista em seu duelo contra os líderes. Sem o lesionado Villadoniga, o Palestra foi de Romeu, mas não conseguiu encaixar seu jogo ofensivo. Visivelmente nervoso, o ataque não ameaçava a defesa adversária e assistia à Portuguesa Santista, de Gatinho, Bemba e Tom Mix, obrigar Oberdan a trabalhar como nunca. O tempo corria e a Briosa, apenas por obra e graça da muralha de bigode, não achava o caminho do gol. Os ponteiros do relógio apontavam 44 do segundo tempo. Parecia que a torcida alviverde já podia respirar aliviada com o empate. E então... "Aos 30 segundos derradeiros, o Palestra aliviou-se da demorada pressão santista e foi ao ataque. Ciro defendeu inseguramente uma bola e deixou-a correr pelo flanco direito, de onde Claudio golpeou por baixo, atravessando o couro toda a faixa da linha de zagueiros para ir ao alcance de Romeu, o qual, desmarcado, atirou facilmente e obteve o *goal* e a vitória do seu quadro."

Foi um tento chorado. No sufoco. Quando ninguém mais acreditava. Contra um adversário que jogou muito além de suas forças. E anotado por um homem calejado, ídolo de duas gerações, que tinha a jaqueta esmeraldina como segunda pele.

Um roteiro que parecia, de fato, escrito especialmente para o último gol da história do Palestra.

Apesar das providências tomadas por Adalberto Mendes e seus colegas, as vozes que pregavam o ódio ao Palestra não haviam abandonado a missão de infestar a Pauliceia com suas ideias daninhas. Depois do jogo contra a Portuguesa Santista, o *Correio Paulistano* noticiava a derrama de uma nova leva de panfletos trazendo "termos

NO ULTIMO MINUTO,

O PALESTRA MARCOU O GOL DA VITORIA

despudorosos" ao alviverde. "Os aproveitadores das situações delicadas lançam mão de pretextos para envolver um clube que se encontra perfeitamente dentro das leis nacionais, como clube brasileiro que o é, e vem timbrando em se conservar desde muitos anos. Infelizmente, as autoridades esportivas se veem em dificuldades para a descoberta desses críticos anônimos e nada podem fazer para impedir a obra demolidora do esforço alheio. Resta aos esportistas sinceros a condenação de tais manobras."

Enquanto isso, a Rádio Record, firme e forte em sua cruzada antipalestrina, exagerava e até perdia seu foco principal. "Agora a tal rádio do paredro são-paulino, em vez de falar do São Paulo F. C., ocupa-se, preocupa-se, interessa-se, toma a peito as coisas palestrinas. Na meia hora da Rádio Record que o dr. Paulo de Carvalho impinge aos seus pobres radio-ouvintes, só se fala em Palestra, somente se diz coisas sobre o Palestra, somente se aplicam fuxicos sobre os diretores palestrinos", relatava o *Moscardo* em 12 de setembro. Na mesma edição, duas charges ironizavam a campanha da Rádio Record contra o alviverde. Uma delas trazia o comentário de um engravatado para seu colega:

*Eu gostaria de saber quanto o Palestra paga por mês à Radio Record, pelo belo reclame que lhe faz todas as noites...*

Na outra, uma voluptuosa loira e um rapaz conversavam na Pauliceia.

*– Eu sou são-paulina e quero que o São Paulo F. C. ganhe o campeonato, porque é um clube brasileiro...*

*– Ué! Não sabia que a Federação Paulista era uma liga de clubes estrangeiros!*

Apesar dos chistes, a situação não estava para brincadeira. No dia 10 de setembro de 1942, o *Diário Popular* se juntara à campanha, exigindo, "pela completa nacionalização do nosso esporte", que o nome Palestra fosse substituído "devido à ressonância sentimental" que despertava. "A simples alteração de Palestra Italia para Palestra de São Paulo não parece suficiente ao povo brasileiro, uma vez que nos põe frequentemente, diante dos olhos, a origem daquela entidade e sua antiga feição, pela lembrança que nos traz do caráter acentuadamente desnacionalizador que assumia a torcida daquele time, nas memoráveis disputas em que ele sempre valorosamente se empenhou. A maneira de completar esse desvinculamento será esta: a mudança total do nome, do qual deverá ser extirpada a palavra Palestra, que ainda se apresenta com um ressaibo nitidamente marcante da origem do clube."

No dia seguinte, ao mesmo tempo em que comemorava a repercussão da proposta, o *Diário Popular* se preocupava em salientar que seus apelos eram baseados em proposições supostamente nobres. "O que é preciso deixar bem acentuado e iniludivelmente claro é que a nossa tese referente à supressão do nome Palestra não se inspira em pensamentos menos elevados, mas se funda no desejo que alimentamos de ver a entidade alviverde inteira e sinceramente desvinculada do colorido de italianidade que a caracterizava", escrevia o jornal, voltando a repetir a ladainha. "Há uma vinculação íntima, estreita, por assim dizer indissolúvel, entre o nome Palestra e o cunho italianizador de sua torcida."

Nessa queda de braço, o alviverde passou a contar com um aliado de peso. Colocando-se radicalmente contra qualquer mudança de nome, João Lyra Filho, presidente do Conselho Nacional de Desportos, fez, nas páginas da *Gazeta Esportiva*, uma defesa simplesmente antológica do Palestra.

*O clube é brasileiro? É útil ao Brasil? Compromete a política do Governo Nacional? Respeita as leis do país, respeita aos governantes, obedece ao sentimento nacional? Então, meu caro, o nome não tem importância! O que nós, os brasileiros, queremos, é o Brasil para nós e a colaboração, para o Brasil, de todos os que estiverem dentro do país.*

*Ignoro a existência de qualquer ato de autoridade competente, com força para transformar o sentido estatutário de uma organização na qual prevaleceram as diretrizes de uma assembleia legalmente constituída, e de cujas deliberações participaram, em grande maioria, patrícios nossos, brasileiros, no gozo de direitos idênticos aos que eu mesmo possuo.*

*Acima de tudo, a verdade é que a organização desportiva obedece a critério nacional. A lei é muito clara: desde que as diretorias dos clubes sejam compostas de brasileiros natos ou naturalizados, e desde que os seus conselhos se constituam de dois terços de brasileiros natos ou naturalizados, como dispõe o art. 51 do decreto-lei federal nº 3.199, o clube é brasileiro.*

*Além disso, Palestra não é expressão italiana apenas, é também nossa, é do Brasil, veio do berço primitivo da civilização grega. Palestras são todos os recintos destinados à educação física, reservados à preparação da juventude, pela ginástica, pelo exercício, pela competição, pela luta desportiva.*

*Nós não estamos combatendo o povo italiano, as tradições da Itália, a riqueza moral e espiritual do berço da civilização; estamos em luta contra os fascistas, contra os "camisas pardas", contra os dominadores caricatos e façanhudos da Itália, contra os dirigentes opressores e cruéis.*

*Se o nome é demais só porque faz menção a um país com o qual estamos em luta, demais também são todos os nomes italianos com vida dentro do Brasil. Então, eu também terei de mudar de nome, porque Lyra é moeda italiana...*

Esse verdadeiro libelo contra a ignorância, contudo, não comoveu a Diretoria de Esportes do Estado de São Paulo, que, movida por interesses obtusos, insistia em demandar providências dos comandantes do Palestra – contrariando assim a determinação da mais alta autoridade do esporte no país. Italo Adami, então, convocou para a segunda-feira, 14 de setembro, a mais importante das reuniões da diretoria do Palestra de São Paulo.

**Ata da reunião de 14 de setembro de 1942**
**Sessão Extraordinária**

Aos catorze dias do mês de setembro do ano de mil novecentos e quarenta e dois, na sede da Sociedade Esportiva Palestra de São Paulo, presentes todos os diretores adiante assinados, realizou-se a reunião extraordinária convocada pelo sr. Presidente, a fim de que fosse tomada deliberação sobre a mudança de nome da entidade. Submetida a proposta de modificação à discussão, foi esta, por unanimidade, aprovada ad referendum do Conselho Deliberativo. A seguir foi, pelo sr. Presidente, solicitado que fossem sugeridos nomes pelos diretores presentes, sendo afinal escolhido o nome de Sociedade Esportiva Palmeiras, escolha essa igualmente aprovada ad referendum daquele Conselho, por unanimidade de votos. Deve ficar esclarecido, ainda, nesta ata, que a troca de nome da sociedade foi sugerida pelo sr. Capitão Sylvio de Magalhães Padilha. Nada mais havendo a tratar, foi a reunião encerrada, sendo lavrada a presente ata que vai pelos srs. diretores presentes assinada. Em São Paulo, 14 de setembro de 1942.

Italo Adami
Hygino Pellegrini
Edmundo Scala
Armando Gargaglione
Remo Pierri
Affonso Cipullo Netto
Leonardo Fernando Lotufo
Paschoal Walter Byron Giuliano
Adalberto Mendes
Odilio Cecchini

No dia seguinte, 15 de setembro, a notícia rapidamente correu as ruas de São Paulo. "Palmeiras: o novo nome", manchetava, em letras garrafais, a *Folha da Noite*, ressaltando que as cores e o uniforme da agremiação se manteriam inalterados – bem como seu legado. "O passado glorioso do clube do Parque Antarctica estará sempre presente. Continuará apresentando a mesma pujança de sempre, reunindo em seu seio esportistas de valor, que sem dúvida saberão prosseguir na obra desenvolvida até hoje pela sociedade. Já houve em São Paulo outro Palmeiras, um grande clube. Uma associação esportiva sempre lembrada. E a esse nome que o público esportivo não esquece vem juntar-se a tradição do Palestra de São Paulo. Depositária dessa herança, a Sociedade Esportiva Palmeiras terá sempre um incentivo conduzindo-se a grandes feitos e impondo-a à admiração de seus sócios."

Apesar de entender a mudança de nome como a melhor (e quiçá única) solução para a continuidade do clube, os palmeirenses – ou palmeiristas, como alguns jornais se referiam aos ex-palestrinos – seguiam inconformados com a pressão realizada pela Diretoria de Esportes. Essa revolta encontrou respaldo no editorial da *Gazeta* de 17 de setembro.

"O fato é que o clube do Parque Antarctica mereceu, não se sabe por que, um tratamento isolado, justamente quando se acha a dois jogos do fim do campeonato, enquanto que outros clubes com nomes estrangeiros foram esquecidos. Se a medida fosse de ordem geral, e por isso mesmo, por ordem das nossas autoridades superiores, seria aceita com aplausos, mas assim não sucede, dado que nenhuma disposição houve, quer do Ministério da Justiça ou da Secretaria da Justiça do Estado naquele sentido. O que seria justo tornou-se inexplicavelmente injusto. Por isso, se acabou somente com o nome do Palestra, enquanto que se deixou ficar com os nomes de Juventus, Espanha, Esperia, Portuguesa de Esportes, Corinthians e Portuguesa de Santos. Daí ser estranho e talvez esteja exigindo uma explicação a medida tomada contra o antigo nome do clube alviverde."

Obviamente, essa explicação oficial nunca viria.

Quanto aos outros times, somente depois do torneio é que acabariam alterando suas denominações. O Espanha se tornou Jabaquara Atlético Clube; o São Paulo Railway adotou o nome Nacional Atlético Clube; o Esperia virou Associação Desportiva Floresta – até 1965, quando retornaria ao original. E a Portuguesa de Esportes passou a atender por... Portuguesa de Desportos.

O velho Palestra havia desaparecido. Mas não estava morto. Avisado por Vicente Ragognetti e companhia da decisão tomada na sala de troféus do Parque Antarctica, Enrico de Martino adaptou seu famoso bordão para afirmar que o Palestra continuava... no Palmeiras! E cabia ao Palmeiras cumprir a promessa feita por Italo Adami em entrevista ao *Diário Popular,* ainda no começo do mês, quando o mandatário garantiu aos aficionados que nenhum boato ou ameaça extracampo tiraria o alviverde da briga pelo título paulista de 1942, contra o São Paulo Futebol Clube, em 20 de setembro, no Pacaembu.

"O campeonato será decidido no campo da luta. Fugir a ela não é do feitio do Palestra."

7

# A BATALHA FINAL

*Tic-tac, tic-tac, tic-tac.*

"A expectativa enorme em torno do sensacional embate de domingo, decisivo para a sorte do título de campeão de 1942, está provocando uma extraordinária tensão nervosa entre os partidários dos dois grandes esquadrões. Poucas vezes mesmo a história do *association* brasileiro registrou interesse igual. No meio disso tudo não faltam os pessimistas e os maus esportistas a envenenar o ambiente, profetizando cenas turbulentas no dia do grande jogo. É o rastilho daninho que deve e precisa ser combatido com todas as forças, porque, afinal de contas, o que se vai realizar é uma pugna de futebol, e por futebol se entende a confraternização de atletas num ajuste de técnica e não de brigas. Porém, em resultado das intrigas que os maus esportistas vão tecendo criminosamente, a verdade é que o ambiente já está bastante carregado. A tensão nervosa é evidente."

Diante do cenário relatado pela *Gazeta* em sua edição de 15 de setembro de 1942, terça-feira, compreende-se o esforço da Polícia de São Paulo para montar uma força-tarefa sem precedentes a fim de desarmar a bomba relógio na qual o Choque-Rei havia se transformado. Encarregado do serviço de policiamento do Pacaembu, o delegado Martins Lourenço dividiu o estádio e suas imediações em setores, cada qual confiado à direção de um subdelegado, que teria ainda um corpo de profissionais para auxiliá-lo. Para a linha de frente, foi convocado um colossal efetivo de 600 homens – entre guardas civis, cavalarianos, soldados da Força Pública, inspetores, integrantes da Polícia Especial e uma turma especializada no serviço de repressão ao porte de armas –, a fim de executar, nas palavras do delegado, um "rigoroso serviço de repressão" aos possíveis desordeiros.

A encrenca prometia ser grande. Tão grande que todos os jornais da capital – todos, literalmente, até mesmo aqueles que, pouco antes, haviam colaborado para a cizânia – imploravam aos paulistanos que mantivessem a rivalidade no campo do futebol. "Boatos maldosamente espalhados e intrigas criminosamente tecidas procuram explorar a rivalidade existente entre os adversários, levando-as para fora do terreno esportivo, como se hoje o Palmeiras não fosse um clube tão brasileiro como o São Paulo, perfeitamente enquadrado nas leis nacionais. Não permitamos que uma simples pugna futebolística sirva de pretexto para criar dissensões, para separar filhos da mesma pátria, irmãos pelo sangue e pelos sentimentos. Não devemos nos esquecer que esporte é esporte e política é política", lembrava o *Diário Popular*.

Depois do dia 16 de setembro, porém, ficou ainda mais difícil separar as coisas. Na manhã daquela quarta--feira, com grande alarde e rebuliço, o astuto Getúlio Vargas instaurou a mobilização geral no país, aproveitando a comoção causada pela guerra para aumentar ainda mais o poder de sua máquina ditatorial. O decreto presidencial 10.451 outorgou às autoridades federais, estaduais e municipais a prerrogativa da tomada de medidas "necessárias" à defesa da nação, "nos domínios econômico, militar, científico, de propaganda, de mão de obra e de trabalho". De uma forma enviesada, porém, esse poder amplo e irrestrito foi passado também à população. Instada pelas autoridades a exercer seu "dever cívico" – entre outras coisas, participando ativamente da vigilância do território –, a massa tornava-se polo ativo do esforço de guerra orquestrado pelo governo brasileiro. Era o cenário dos sonhos para os comandantes da campanha antipalestrina: suas atitudes celeradas agora poderiam ter uma justificativa oficial.

Essa perigosa brecha foi identificada pela Delegacia de Esportes do Estado de São Paulo, que, três dias antes do jogo, distribuiu um longo comunicado ressaltando o potencial incendiário dos oportunistas.

*Dois grandes clubes irão defrontar-se nesse encontro: São Paulo F. C. e S. E. Palmeiras. Um continuador da obra iniciada pelo glorioso C. A. Paulistano e outro, embora brasileiro e perfeitamente legalizado nesta Diretoria, teve seu passado ligado a uma colônia estrangeira, mas que, no entanto, querendo dar maior prova dos seus sentimentos de brasilidade, num apoio de solidariedade às nossas convicções, baniu para sempre do seu nome uma palavra que o ligava ao passado e que pudesse trazer qualquer dúvida a seu respeito.*

*É, pois, diante deste gesto e diante do espetáculo grandioso que irá desenrolar-se domingo no Estádio Municipal do Pacaembu que esta Diretoria lembra a necessidade da mais perfeita ordem, a fim de ela não transtornar-se, pois é no campo esportivo onde deve haver maior disciplina e educação do povo. Não transportemos, pois, para esse estádio, onde a lealdade e a disciplina deverão ser apanágio de sua grandiosidade, mágoas, ressentimentos ou outros fatores de discórdia que o momento não comporta.*

*O país está em guerra e a palavra de ordem do presidente Getúlio Vargas é: "Nem tolerâncias descabíveis nem exageros injustificáveis". Portanto, é o que devemos seguir como linha mestra de nossa conduta.*

*Esportistas! Colaborem, pois, com o Estado e as autoridades, procurando expandir as simpatias pelo seu clube dentro das boas normas, mostrando assim que São Paulo é um dos centros mais adiantados do país.*

*Lembrem-se ainda que nestas horas há sempre os inimigos da Pátria, que vão se aproveitar do momento imbuindo-se fingidamente de grande sentimento patriótico para explorar a situação, lançando confusões e pânico nos lugares onde deve imperar a escola do civismo, da ordem e da lealdade. Para estes, serão tomadas enérgicas providências pela polícia, a fim de que uma manifestação desportiva não venha a se transformar em local de rixas e despropositadas manifestações.*

Tic-tac, tic-tac, tic-tac.

A preocupação das autoridades com o desfecho do jogo decisivo ficara ainda maior depois dos acontecimentos verificados no jogo entre os quadros juvenis de Palmeiras – ainda Palestra – e São Paulo, que, por um capricho da tabela do Campeonato Paulista da categoria, se enfrentaram exatamente no domingo anterior ao prélio dos profissionais. Na manhã de 13 de setembro, alviverdes e tricolores haviam transformado o Parque Antarctica em uma praça de guerra. Desde o primeiro minuto, ambos os times protagonizaram um festival aberto de pancadaria no gramado – que, aos 29 do segundo tempo, quando o placar marcava empate de 1 a 1, finalmente explodiu também nas arquibancadas. Com uma chuva de objetos no campo, invasão de campo e "pegas" entre os torcedores, consumava-se a tragédia anunciada. Não restou ao árbitro outra opção senão suspender a partida por falta de garantias.

Em reunião no meio da semana, o Departamento Amador da Federação Paulista de Futebol resolveu não aplicar punições aos clubes e determinou que os dois times voltassem ao Parque Antarctica, com portões fechados, para disputar os derradeiros 16 minutos regulamentares – o São Paulo, por ter tido um atleta expulso por agressão antes da interrupção, deveria continuar o prélio com dez jogadores. "O sucedido no jogo dos juvenis Palestra-São Paulo é alarmante. O incidente foi grave, mas no fundo não surpreende, porque, como já escrevemos, o espírito partidário vem sendo cultivado num terreno perigoso e inconveniente. Os pretextos da campanha envenenadora são uns e os fins que se querem atingir são bem outros", resumia o *Diário da Noite* no dia 15, resignado com a falta de atitude dos dirigentes do São Paulo, omissos por não ceifar na raiz a campanha de seus seguidores. "Não devemos esperar mais. Desde que nada se faz no ambiente do esporte contra essa onda destruidora, confiamos na ação da nossa polícia, dado que o prélio está próximo."

Só restava mesmo jogar tudo na mão da polícia e torcer. Afinal, entre as hostes alviverdes e tricolores, não havia mais rivalidade. Havia ódio.

Para poupar os jogadores desse clima insalubre, Italo Adami e Adalberto Mendes, em decisão chancelada por Odilio Cecchini, haviam decidido começar a concentração para a batalha do Pacaembu logo após a partida contra a Portuguesa Santista. Assim, ainda no dia 13, os atletas saíram do Ulrico Mursa, retornaram ao Hotel Internacional, trocaram de roupa e embarcaram em um ônibus especial que os levaria, mais uma vez, a Poá.

Depois de um descanso na segunda-feira, o time deveria iniciar os treinamentos na manhã de terça. Porém a programação foi quebrada com a chegada inesperada de Odilio Cecchini. O diretor esportivo fez questão de ir à chácara para comunicar pessoalmente a decisão tomada pela diretoria na reunião da noite anterior: o alviverde agora se chamava Sociedade Esportiva Palmeiras. Houve comoção entre os atletas. Oberdan e Lima estavam inconsoláveis. Com lágrimas nos olhos, ambos se abraçaram e permaneceram calados por um tempo. O silêncio só foi quebrado com a pergunta do arqueiro, que ecoou sem resposta pelo vasto salão principal da sede. "Por que fizeram isso com o Palestra?"

Depois de digerido, o fato acabou motivando ainda mais o elenco para a partida contra o São Paulo. E, aos poucos, a tranquilidade voltou ao bucólico recanto do interior, descrito por José Iazzetti, d'*O Esporte*, como "um pedaço do céu na terra" – bem diferente do inferno que os adeptos alviverdes enfrentavam na capital.

Levado pelo histórico palestrino Attilio Riccotti, o jornalista fez uma visita à concentração palmeirense na quarta-feira, 16 de setembro, e publicou dois dias depois o relato de sua estadia em Poá. Na reportagem, cenas prosaicas como Clodô atacando de barbeiro e passando a navalha em Waldemar, o desafinado conjunto musical de Cabeção e Og e o relato dos campeonatos de pingue-pongue e sinuca dos jogadores, entre outras curiosidades. A torcida só ficou assustada ao ler a notícia – e ver a

A' direita, Clodô barbeando Valdemar, que se "aprumava", pensando tirar outra chapa.

A' direita, a "dupla" que em musica não combina — Og na clarineta e Cabeção no violão — sendo ouvidos por Zezé e Lima.

A' direita, Lima e Villadoniga acamados, presos de uma ligeira gripe.

I, o conjunto de cima, á esquerda, Pipi e Begliuomini "banham-se", assistidos por Romeu e pelo enfermeiro alvi-esmeraldino.

No conjunto de baixo, á esquerda, Del Nero na balança, sob os olhares de Clodô, Celestino, Del Debbio e Americo.

No conjunto do centro, á esquerda, Junqueira, Zezé, Atilio Ricotti e Claudio na mesa de pingue-pongue, combinando um partido, ao lado do redator.

fotografia – de que Lima e Villadoniga estavam acamados em um quarto da concentração, com gripe. Del Debbio e Cecchini garantiam que o astros estariam restabelecidos a tempo, e brincaram que ambos estavam sendo devidamente tratados com a água de Poá.

"Pudemos concluir que a concentração dos palmeirenses é o sintoma expressivo da verdadeira fraternidade. Porque os jogadores do Palmeiras formam uma grande família, que unida luta pela conquista do cetro de campeão de 1942. Melhores dias pré-jogo não poderiam passar. E o grande jogo está aí. Os craques do Parque Antarctica estão preparados para ele. Será um prélio-decisão, uma cartada que irá pôr um ponto final na carreira para o título. A coletividade alviesmeraldina, pelo que vimos anteontem, em Poá, pode confiar no esquadrão líder e invicto", sentenciou Iazzetti.

Do outro lado da trincheira, a confiança não era menor. Os pupilos de Conrado Ross fizeram sua concentração em São Paulo, nas próprias dependências do Pacaembu, onde receberam todo o carinho dos fãs. Foi José Silveira quem fez um relato completo, para as páginas de *O Esporte* de 17 de setembro, de uma manhã no quartel-general tricolor. Lola era o brincalhão do elenco; Leônidas e Virgílio, os dorminhocos; Noronha, Cascão e Waldemar, os reis do pingue-pongue. Assim como seus adversários, os tricolores também só tinham do bom e do melhor na concentração – o que acabava dando um certo trabalho ao sargento Ariston, preparador físico da equipe, responsável por queimar o excesso de calorias acumulado na vida fácil noa alojamentos do Estádio Municipal.

"Lá, onde a própria vida parece uma bola, é a concentração do São Paulo. Reino da alegria. Uma porção de feições atléticas, músculos ao sol, nervos de aço, vivendo dias claros, batidos de sol, pelas ribas do Pacaembu", admirou-se o repórter. "Doutor, Fioroti, Virgílio, Piolim, Lisandro, Zaclis, Lola, Bazzoni, Waldemar, Leônidas, Remo, Teixeirinha, Cascão e Pardal, como um batalhão de força, enleados numa camisa gloriosa de três cores, avançam abraçados, na marcha para o título. Na hora em que o São Paulo os chamar, estarão fortes, em condições de suar para a vitória."

Na mesma edição, *O Esporte* procurava quebrar a tensão que envolvia a partida com uma espirituosa charge, intitulada "O periquito e a borboleta". Nela, o mascote do Palmeiras, pousado no galho da "liderança", segurava uma imagem do santo de Poá e perguntava, com cara de poucos amigos, para uma borboleta que pairava pela cena: "E vais 'querê' também voar pra cima de mim?"

A borboleta, não era difícil entender, representava o São Paulo. Em suas mãos, via-se um carimbo com o número 4, que havia se tornado, por causa da chamada "tabela", uma espécie de amuleto dos tricolores. E a confiança da mariposa são-paulina em mais uma contagem clássica no jogo contra o Palmeiras era compartilhada pelos lepidópteros da revista *Arakan*. Na edição de setembro de 1942, lançada na semana do Choque-Rei, a publicação trazia um editorial intitulado "4, o número da vitória!"

*A marcha vitoriosa do São Paulo F. C. prossegue irresistivelmente, garbosa, destruidora... A meta final já se aproxima. O tricolor cumpriu o que prometeu aos seus fãs, neste 1942. Garantiu-lhes que faria uma carreira de invicto, de líder, de campeão, e aí está quase às portas do triunfo supremo! Foi invicto em quase todo o primeiro turno, comandou a situação na qualidade de primeiro colocado, firmou-se depois na vice-liderança e agora segue de perto o líder para decidir de vez a sorte do título de campeão de 1942. O São Paulo cumpriu até aqui tudo que prometeu aos seus milhares de sócios. O número 4 tem sido o emblema da*

# O PERIQUITO E A BORBOLETA
## (HISTORIA PARA GENTE GRAND[E])

— E vais "querê" tambem voar pra cima de mim?

*nossa vitória; todos os triunfos tricolores, inclusive aquele do prélio "majestoso", tiveram essa expressão numérica. Em vésperas do prélio com o líder, a exemplo do que sucedeu no primeiro turno, nosso XI está invicto! A sorte será mais grata e justa ao São Paulo desta vez? Cremos que sim. Todos os são-paulinos esperam que sejamos, domingo, melhor recompensados, pois que sem a ajuda da "chance", num prélio tão decisivo, não se vence, mesmo jogando-se melhor... O número 4, porém, protegerá o São Paulo. Esse número é nossa "mascote", será o número simbólico da vitória final do tricolor no certame de 42.*

E não havia borboleta que cogitasse a possibilidade de o número 4 aparecer do outro lado do placar.

No final da tarde de sexta-feira, quando os paulistanos deixavam o trabalho rumo ao fim de semana, o assunto nos ônibus, nas ruas, nos bondes e nos bares era um só: a "partida-sensação" do campeonato, cujo pontapé inicial se daria em menos de 48 horas. Muitos destes, porém, seriam literalmente obrigados a sossegar o facho das 18h às 21h: pela primeira vez, São Paulo apagava suas luzes para um exercício de *black-out*. Consagrado nas *blitze* contra Londres, em 1940, no ápice da Batalha da Bretanha, o escurecimento da cidade visava impedir a navegação visual dos pilotos inimigos durante um eventual ataque aéreo, dificultando a identificação dos alvos.

Obviamente, na Terra da Garoa, qualquer cidadão corria mais riscos de ganhar sozinho na loteria do que ter sua casa bombardeada por um avião alemão – e não foram poucos os que mencionaram a inutilidade do expediente para a capital bandeirante. Mas autoridades como o coronel

Orozimbo Martins Pereira, autor do livro *Alerta!*, lançado naquele ano de 1942, trataram de assustar os paulistanos. "Fora de dúvidas está de que, no caso de um ataque aéreo ao Brasil, São Paulo será o ponto sensível, a região de preferência escolhida pelos aviadores inimigos. Sede do parque industrial nacional – somente na capital existem mais de 10 mil fábricas – e centro de entroncamento ferroviário dos mais importantes da nação, possuindo, além disso, diversos aquartelamentos militares, São Paulo é, essencialmente, um ponto sensível."

Organizada pelo Serviço de Defesa Passiva Antiaérea, instalado no 22º andar do edifício Martinelli, a experiência foi bem-sucedida, na avaliação dos comandantes. Moradores do Brás, Pari, Canindé, Mooca, Penha, Tatuapé, Belém e Belenzinho, entre outros bairros, tiveram de manter as luzes apagadas, "exceto em dois aposentos", preferivelmente aqueles que não tivessem janelas – caso contrário, foi preciso vedá-las. As fábricas que não puderam interromper o expediente durante o escurecimento precisaram providenciar a pintura das janelas com tinta preta. Não mais que de repente, fez-se o breu em São Paulo.

"No Brás. Às 20h. As ruas dormem. Nenhum pedestre. Nenhuma janela denunciando claridades. Os bondes, vazios, transitavam com as luzes apagadas. Os automóveis, disciplinados, guardavam uma ordem impecável ao longo das filas. E dentro de todo esse silêncio, de toda essa escuridão, um exército de mais de 20 mil pessoas velava pelo êxito da nossa primeira prova de guerra. Centenas e centenas de atiradores, molhados pela chuva que caía insistentemente, policiavam a zona submetida à prova. Voluntárias de várias idades caminhavam em todas as direções, cuidando de tudo com a maior diligência."

Como relatou o *Diário Popular* de 19 de setembro, o exercício ficaria marcado como a primeira ação militar concreta motivada pela Segunda Guerra em São Paulo. Até então, o maior conflito da história pouco mexera com o cotidiano dos paulistanos, mesmo depois do rompimento das relações com o Eixo. Os racionamentos de pão e de gasolina haviam sido as mais famosas e polêmicas medidas – e ainda assim, não é errado dizer que a guerra foi usada pelo governo como desculpa para a falta de abastecimento, originada muito mais por deficiências na cadeia de produção do que por problemas decorrentes da situação internacional. Outra novidade, esta mais duradoura, foi a instituição das filas, já adotadas nas cidades americanas. Símbolo de educação e disciplina, ensinavam a população a ficar na linha – sem criar confusões ou tumulto.

Feliz com o resultado do treinamento, o general Maurício Cardoso, assim que as luzes voltaram, marcou o bis: na sexta-feira seguinte, dia 25 de setembro, todos deveriam estar a postos para o segundo *black-out* da cidade.

Mas, antes disso, o Pacaembu testemunharia, em pleno domingo à tarde, um inesperado apagão.

No sábado, véspera da decisão, os jornais confirmavam a escalação do São Paulo, que contaria com sua força máxima. Doutor; Piolim e Virgílio; Lola, Noronha e Silva; Luizinho, Waldemar de Brito, Leônidas, Remo e Pardal. O time havia sido confirmado no último coletivo para a partida, realizado na quinta-feira, no Pacaembu, com goleada dos titulares sobre os reservas por 7 a 0 diante de numerosa e barulhenta assistência.

Já o Palmeiras, optando pela discrição, evitou revelar seus planos para a batalha. Também na quinta-feira, o elenco havia deixado Poá por algumas horas para realizar, no Parque Antarctica e na surdina, seu derradeiro coletivo. Armando Del Debbio tinha de novo à disposição o ponta esquerda Pipi, que voltava de contusão; para testar o astro convalescente, escalou no primeiro tempo o ataque com Claudio, Waldemar, Lima, Villadoniga e Pipi, sacando o argentino Echevarrieta e deslocando Lima para o centro. O garoto de ouro, como sempre, correspondeu, mas Pipi, ainda se ressentindo da lesão, não rendeu o esperado. Na etapa final, o treinador voltou com Claudio, Waldemar, Echevarrieta, Villadoniga e Lima. E então a máquina desemperrou: na soma das duas metades, placar de 14 a 1 para o primeiro quadro, com atuação soberba do "Che", autor de três tentos. Ao final do treino, Del Debbio não tinha mais dúvidas. Mas, só para confundir os adversários, indicou que poderia aproveitar também Cabeção ou Pipi – e alguns jornais reproduziriam a suposta indefinição até o dia do jogo.

Definida pelo técnico, a escalação de Echevarrieta, contudo, ainda estava em suspenso. Os boatos de que havia um problema com o visto de permanência do craque platino no Brasil – que, portanto, o impediria de jogar o clássico – fizeram o diretor Adalberto Mendes viajar ao Rio de Janeiro com o jogador, no sábado, para confirmar sua situação diante da Confederação Brasileira de Desportos. Na Capital Federal, o capitão obteve o atestado liberatório. O Palmeiras ia então de Oberdan; Junqueira e Begliomini; Zezé Procópio, Og e Del Nero; Claudio, Waldemar, Echevarrieta, Villadoniga e Lima.

De todos os homens que estariam no gramado, na verdade, só não se sabia a identidade de um – justamente daquele que tinha a missão mais difícil da jornada. Sua senhoria, o juiz.

Na temporada de 1942, o sistema adotado pela Federação Paulista de Futebol determinava que o árbitro fosse escolhido minutos antes das partidas. O processo tinha duas etapas: na véspera da peleja, um sorteio secreto na sede da entidade pré-selecionava três nomes, que, no dia do jogo, deveriam comparecer ao estádio. E na cancha, finalmente, também em segredo, um sorteio determinava o felizardo.

No caso do Choque-Rei decisivo, porém, diante de ânimos tão acirrados, felizardos seriam aqueles que ficassem de fora. A encrenca era tanta que o *Moscardo* de 19 de setembro publicou uma charge em que uma dama vestida de preto da cabeça aos pés finalizava, em sua casa, a montagem de um caixão. "Morreu alguém nesta casa?", perguntava o visitante. "Não. O meu marido foi escalado para juiz do jogo de amanhã, entre o Palmeiras e o São Paulo. E é bom estar preparada para tudo..."

Tecnicamente falando, também a crônica esportiva temia pelo pior. A safra de sopradores de apito do início dos anos 1940 em São Paulo era, particularmente, uma lástima. Empilhavam-se erros inacreditáveis, sucediam-se as reclamações, enfim, sobrava chumbo de todo lado para estas figuras tão amadas pelos jogadores, dirigentes e torcedores. O Departamento de Juízes bem que tentava, mas não conseguia encontrar uma solução. A experiência de trazer nomes de fora havia sido péssima – bastava ver o que fizera o nobre Tijolo em 1941. Criara-se uma escola de árbitros, iniciativa louvável, mas que não resolvia a questão no curto prazo. Para tentar garantir um padrão mínimo de qualidade nas partidas de campeonato, o Departamento decidiu então separar seus filiados em dois grupos, "A" e "B", estando no primeiro os mais bem avaliados e no segundo os retardatários e novatos. Partidas oficiais só poderiam ser conduzidas pelos seletos integrantes da primeira turma. Contudo, medalhões como José Alexandrino, Joreca, João Etzel e companhia limitada seguiam errando a granel; para forçar uma renovação, alguns calouros do quadro "B", ainda ilustres desconhecidos da maioria das torcidas, foram alçados ao primeiro escalão. Dentre estes, destacava-se o eclético Jayme Janeiro Rodrigues.

Cria do bairro de Santana, Janeiro era um condecorado militar e emérito amante da ação. Em sua mocidade, havia sido piloto de corrida, ao lado do amigo de infância Chico Landi, e atleta amador, especialista em provas de 5 mil e 10 mil metros, e praticante de esgrima. Adepto do escotismo, fora um dos fundadores, em 1938, da modalidade dos Escoteiros no Ar, levando para as alturas as atividades e os ensinamentos da doutrina de Baden Powell. Naquele ano de 1942, servia as Forças Armadas como primeiro-sargento da Aeronáutica na 4ª Zona Aérea, depois de uma carreira impecável no Exército. Tantas aventuras, porém, não haviam esgotado seu estoque de adrenalina. Aos 36 anos, então, Jayme Janeiro Rodrigues decidiu experimentar uma vida realmente perigosa – e virou juiz de futebol.

Admitido oficialmente no quadro da Federação em março de 1942, em poucos meses já ganhou sua primeira chance em jogos de visibilidade. No dia 22 de julho, Janeiro foi convocado para apitar o amistoso entre um combinado Palestra-Corinthians-São Paulo e uma seleção dos oito demais clubes da divisão profissional – e não decepcionou, ao contrário do time do Trio de Ferro, que perdeu por 5 a 1 dos coadjuvantes. "O calouro do apito Jayme Janeiro Rodrigues não se apresentou com erros de grande marca. Foi esforçado, procurou acertar e agir com imparcialidade", avaliou *O Esporte*.

Diante da fraca concorrência, o árbitro foi elevado, pouco depois, ao quadro "A" da Federação – e assim estava apto a fazer sua estreia no campeonato. No dia 1º de agosto, Janeiro foi sorteado para comandar seu primeiro prélio oficial: Portuguesa de Esportes contra Portuguesa Santista, no Pacaembu, vitória do time da capital por 3 a 1. A *Gazeta Esportiva* resolveu não gastar muitas linhas comentando sua atuação. "A arbitragem de Jayme Janeiro Rodrigues, se não foi boa, também não foi má. Passável." O juiz foi também sorteado para atuar nos jogos Palestra e Comercial, no dia 23 de agosto, e Palestra e Portuguesa de Esportes, em 8 de setembro – ambos vencidos tranquilamente pelo alviverde, 6 a 0 e 4 a 0. Na média, a imprensa paulistana considerou "regular" suas duas últimas performances – o que não deixava de ser um alento diante das trapalhadas dos veteranos naquele campeonato.

Mas o que mais chamou a atenção da imprensa no estilo de Jayme Janeiro Rodrigues foi seu pouco rigor na parte disciplinar. Talvez pela inexperiência, talvez por estar acostumado à viril vida militar, o apitador parecia ser um legítimo adepto do bordão "do pescoço pra baixo, tudo é canela", deixando a partida – e as pancadas – comerem soltas. "Não o vimos nunca advertir certos praticantes do jogo violento proposital, e isso foi um perigo, porquanto a peleja poderia descambar para a violência", sentenciou *O Esporte* de 24 de agosto, a propósito de Palestra *versus* Comercial. "Felizmente nada ouve de anormal, e assim tudo saiu bem, sem qualquer arranhão à disciplina."

Em 16 de setembro, a Federação Paulista de Futebol, por meio do comunicado oficial nº 37/42, confirmou para a partida Palmeiras e São Paulo os juízes de linha Candido Casado e Antenor Ávila. O representante da entidade no estádio seria Arnaldo de Paula. "Juiz: a designar."

A *Gazeta Esportiva* já fazia figas: "Deseja-se um árbitro que em primeiro lugar tenha autoridade, pulso, que extermine qualquer violência, que se faça levar pela experiência."

Nem é preciso dizer que os deuses do futebol escolheriam o novato Jayme Janeiro Rodrigues.

20 de setembro de 1942. Finalmente. Desde as primeiras horas da manhã, filas e filas se formavam ao redor das bilheterias para a compra dos ingressos de arquibancada (5 mil réis) e geral (3 mil réis). Colocadas à venda durante a semana, as cadeiras numeradas cobertas (30 mil réis) e descobertas (20 mil réis) já estavam esgotadas. As bilheterias abriram às 9h, e os portões, às 10h. Pouco antes do início da partida, por volta das 15h, cerca de 60 mil pessoas já haviam tomado seu lugar no Pacaembu.

Novamente, não se repetiria o público recorde do "Majestoso" do primeiro turno. Desta vez, de acordo com a *Gazeta Esportiva*, por uma simples explicação: o receio de muitos espectadores neutros com o clima de guerra que se desenhava – à época, era muito comum no Pacaembu a presença de cidadãos que compareciam não para torcer para algum dos times, mas simplesmente para apreciar o espetáculo. "Levantou-se uma atmosfera pesada, irrespirável, a ponto de alarmar o público frequentador de nosso estádio, que já estava preferindo ouvir o jogo a vê-lo eivado de incidentes que teriam reflexos calamitosos na assistência."

Dentro do colosso de concreto, a barulhenta torcida organizada do São Paulo, cujas coreografias vinham se tornando notórias na cidade, já mostrava, orgulhosa, seus coloridos adereços – que, desta vez, tinham como

# O JUIZ
# JANEIRO
# APITOU

PENAL...

preocupação atingir o fígado do rival. Cartazes e estandartes subscreviam a campanha difamatória feita nas semanas anteriores e insinuavam o quinta-colunismo do Palmeiras. Comentava-se também que os são-paulinos preparavam uma sonora vaia e uma chuva de objetos para receber o time alviverde. Mas, com o rigoroso policiamento preventivo, até aquele momento, não havia registro de focos de briga ou confusão.

No vestiário palestrino, o clima era de concentração absoluta. Enquanto o técnico Del Debbio dava suas últimas orientações aos atletas, Adalberto Mendes, na dupla qualidade de vice-presidente do Palmeiras e de capitão do Exército Nacional, preparava-se para colocar em prática um gesto histórico – um golpe de mestre que reverteria a balança nervosa daquela tarde. Assumindo para si a responsabilidade de uma violação às leis federais, que proibiam terminantemente a exibição pública de símbolos da pátria em atos que não se revestissem de caráter oficial, o militar entregou aos atletas um enorme pavilhão nacional. E foi agarrado a essa bandeira brasileira que o time da Sociedade Esportiva Palmeiras, liderado por Oberdan e Junqueira e escoltado pelo capitão Adalberto Mendes, adentrou o gramado do Pacaembu para a primeira batalha de sua história.

A imponente imagem do alviverde arrancando para a luta com o símbolo augusto da paz desarmou a torcida rival. Enquanto a massa palmeirense estufava o peito, os são-paulinos se dividiam entre o silêncio e a reverência. Timidamente, alguns aplaudiam aqueles homens de verde que carregavam a bandeira de seu país – do país de ambos os clubes e da maioria absoluta dos presentes. As traiçoeiras hostilidades programadas pelos incendiários jamais aconteceriam. A guerra se daria, exclusivamente, dentro de campo.

"Ao capitão do São Paulo cabe o direito de optar pela escolha do gramado, o do lado da entrada, de modo que o alviverde fica com a bola e os são-paulinos tomam posição à direita das arquibancadas. O gramado é uma apoteose de sol. Atendendo ao apito que abrirá as hostilidades, os dois XI ficam por um momento imobilizados, enquanto a massa emudece e muitos corações param." No relato do jornalista Tomás Mazzoni, começava assim a decisão do Campeonato Paulista de Futebol de 1942.

Com poucos minutos de bola rolando, já era possível perceber que a batalha do Pacaembu seria disputada muito mais no terreno da luta do que no da técnica. Os atletas alviverdes, especialmente, tomaram para si e levaram para campo toda a animosidade acumulada durante semanas por sua coletividade. Cada um dos homens de Del Debbio parecia ter absoluta consciência da responsabilidade que lhes cabia naqueles 90 minutos – e indicavam que, se preciso, suariam sangue para cumprir sua missão. "Em verdade, o Palmeiras, desde os minutos iniciais, mostrou-se muito firme em todas as linhas, enquanto do lado são-paulino não sucedia o mesmo", escreveu o *Diário Popular*, identificando um "entusiasmo transbordante, de Oberdan a Lima", nas hostes palmeirenses.

Com a tarefa de parar o celebrado quinteto de ataque são-paulino, a dupla Junqueira e Begliomini foi a primeira a mostrar sua caixa de ferramentas. *A Gazeta Esportiva*, em especial, fez questão de ressaltar o ímpeto de Junqueira. "Seus pés foram verdadeiras 'dinamites', quase nunca perdendo os duelos com adversários em episódios de extrema decisão." Mas foi do tricolor a primeira machadada de respeito: aos 8 minutos, Silva atingiu Lima com vontade, e o avante alviverde teve de deixar o campo para ser socorrido.

Pouco depois, Junqueira e Leônidas da Silva protagonizavam o primeiro *round* do duelo mais quente da jornada. "Junqueira entrou de modo desleal em Leônidas num lance e o centroavante carioca em outra jogada fez o mesmo. Em dado momento, atacava o tricolor e a bola foi rechaçada por Junqueira. Leônidas o atingiu com um pontapé sem bola e ambos trocaram sopapos, que o juiz não viu por acompanhar a trajetória da bola", resumiu o *Correio Paulistano*. E a cavalaria da primeira etapa não ficava por aí. "Pardal e Zezé Procópio também trocaram pontapés e o árbitro nada viu. Noronha, por duas vezes, propositalmente atingiu os adversários pelas costas, mas o juiz também não aplicou corretivos. Og saiu do sério e foi acompanhado de perto por Del Nero. Dessa forma, quase todos jogaram com intenção de machucar o adversário", resumiu *O Estado de S. Paulo*.

Como no primeiro turno, a estratégia do Palmeiras era solidificar seu jogo defensivo para, no segundo tempo, lançar-se à frente. Até os 15 minutos, o São Paulo buscava o ataque com mais frequência, mas suas investidas eram todas neutralizadas pela retaguarda palestrina. Do outro lado, as descidas palmeirenses, mesmo em menor número, ofereciam mais perigo à meta de Doutor. Confiante, Del Debbio resolveu soltar as amarras do time logo após o quadrante inicial da primeira etapa – com recompensa imediata.

A narração é da *Gazeta Esportiva*: "Estamos em pleno 19º minuto. É neste momento que, realmente, vemos Villadoniga, pela primeira vez, dar sua presença na área. Em pleno movimento, o avante uruguaio estira a bola entre adversários e companheiros e faz com que seja criada uma cunha e confusão ao mesmo tempo. Silva, como os outros jogadores, salta, querendo cabecear. A jogada parece já controlada pela defesa, quando a bola desce para onde está Claudio, que atira semicruzado, rasteiro, para o canto. Doutor nada pode fazer. O próprio público fica surpreendido, mas a torcida logo explode. Um a zero!"

Em desvantagem no placar, o treinador Conrado Ross mandou o time se lançar desesperadamente à frente – na expectativa de que o talento individual de seus atacantes compensasse a jornada até então pouco inspirada do coletivo tricolor. A tática quase funcionou aos 21 minutos, com Luizinho perdendo ótima chance. Mas, quando o relógio apontou 24, era chegada a hora do São Paulo. Pardal passou por Procópio, foi à linha de fundo e centrou com açúcar para Leônidas da Silva. O Diamante Negro, para surpresa de todos, furou – mas Waldemar de Brito, oportunista, dominou e atirou com força, sem chance para Oberdan. Tudo igual no placar.

A torcida tricolor se assanhou. Mas o Palmeiras, consciente, manteve sua postura ofensiva. E mais: Villadoniga, Echevarrieta e Lima passaram a trocar constantemente de posição no ataque, provocando confusão generalizada na zaga são-paulina. "Lima surgia na ponta e passava para o centro; Echevarrieta atuava no comando e logo deslocava-se para a extrema; Villadoniga também revezava, formando ora num posto, ora no outro, de maneira que a marcação não pudesse ser feita homem a homem", analisou o *Diário da Noite*, que viu a defesa tricolor completamente perdida diante dessa lépida movimentação.

Não à toa, aos 42 minutos, os periquitos novamente transformaram sua superioridade em vantagem. A descrição ainda é do *Diário da Noite*: "A bola foi aos pés de Del Nero e este, na altura da linha média são-paulina, atirou contra a meta contrária. Echevarrieta e Virgílio saltaram para cabecear e Doutor deixou o seu posto para alcançar a bola. Mas, enquanto o guardião são-paulino avançava, Virgílio tocou a bola com a cabeça e a desviou para a meta, fora do alcance de seu companheiro." Palmeiras 2 a 1.

Nos poucos minutos restantes antes do fim do primeiro tempo, os comandados de Del Debbio sobraram em campo. "O alviverde, uma vez que encontrou o caminho da vitória, fez dominar aquele estado psicológico dos grandes cotejos que tudo transforma e decide. A influência do revés desde o 2º gol se apoderou do tricolor", notou a *Gazeta Esportiva*. Enquanto a esquadra de Junqueira descia ao vestiário com a cabeça erguida, ansiosa pelo retorno da peleja, Luizinho e companhia limitada não escondiam o abatimento. O São Paulo acusara o golpe.

Durante a etapa inicial, os temores em relação à arbitragem de Jayme Janeiro Rodrigues se confirmaram. "O juiz foi um verdadeiro 'mosca morta' em campo, permitindo uma série de botinadas recíprocas", definiu, sem meias palavras, o *Diário Popular*. "A violência imperou desde os minutos iniciais. Tanto os tricolores quanto os alviverdes abusaram do jogo violento, sempre permitido pelo árbitro, que, nesse particular, foi de uma fraqueza de toda sorte", completou *O Estado de S. Paulo*. Todas as resenhas da imprensa foram claras em mostrar que ambos os lados se exacerbaram. Mas, de acordo com a *Gazeta Esportiva*, dirigentes são-paulinos foram pressionar os representantes da Federação no intervalo, pedindo providências em relação à conduta violenta dos atletas palmeirenses. Era o tricolor querendo, na marra, impedir que sua vaca fosse para o brejo.

O segundo tempo começou exatamente da mesma forma que acabara o primeiro. Grogue, o São Paulo se colocava à mercê do Palmeiras, que voltou mostrando autoridade e disposição para liquidar a fatura. "O São Paulo parece inativo e sua defesa está na iminência de ser superada pelas pontadas de Waldemar e Echevarrieta", previa a *Gazeta Esportiva*. Lima se agigantou, coordenando os avanços do alviverde, acompanhado de perto por Og, que conduzia a meia cancha à frente. A pressão aumentou. Apenas depois dos dez minutos os beques Piolim e Virgílio puderam respirar, quando uma perigosa ofensiva manteve o São Paulo no campo de ataque por raros e preciosos instantes. A esperança tricolor quase foi reacendida com dois escanteios seguidos – mas a ameaça à cidadela de Oberdan foi afastada de uma vez por todas pelo uruguaio Villadoniga. E depois, aos 15 minutos... Com o microfone, *A Hora*.

"Numa ação positiva iniciada por Waldemar – o palmeirense –, a bola foi ter a Claudio em excelentes condições. O centro do ponteiro direito do Palmeiras foi recebido por Og, que colocou a bola dentro da área são-paulina, em circunstâncias das mais críticas, até que Echevarrieta aplicou, de cabeça, o golpe de misericórdia, obtendo o terceiro ponto dos alviverdes."

Palmeiras 3. São Paulo 1. O pior pesadelo do tricolor se aproximava.

Mais um gol e o periquito carimbaria o número 4 no traseiro da borboleta.

E, pelo andar da carruagem, isso não demoraria a acontecer. "O XI líder parece fechar o adversário num círculo de ferro. O São Paulo, na verdade, começa a declinar assustadoramente, e o pior é que sua linha média cai num verdadeiro abismo, enquanto que os atacantes já não encontram qualquer ligação. Leônidas é o único que se atira como um danado. Sacrifício inútil. Com essa feição, nada mais se pode esperar senão que a sorte do tricolor venha a piorar", vaticinava a *Gazeta Esportiva*, anunciando um "desastre inevitável". Aos 19 minutos da segunda etapa, a previsão começava a se concretizar. *O Estado de São Paulo* descreveu assim.

"Estava o Palmeiras atacando, à procura do quarto tento, quando se formou confusão das maiores próximo ao arco de Doutor. Vários palmeirenses atiraram e os são-paulinos se defenderam como puderam, mas a pelota ficou dançando em cima da área, quando surgiu Og, na corrida, em ótimas condições para marcar. E no momento que o centro-médio do alviverde pretendeu chutar, Virgílio, para salvar a situação, das mais delicadas, atirou-se com violência, praticando uma falta perigosa." Dentro da área. Pênalti incontestável. Lá vinha o quarto gol. E talvez mais: o São Paulo ficaria com um jogador a menos. "O árbitro, que havia tolerado outras faltas mais graves, não quis saber de nada e expulsou Virgílio do gramado. Todos os defensores do São Paulo não se conformaram com a decisão, formando-se discussão entre os tricolores e o árbitro."

De fato, já houvera faltas mais assustadoras na peleja, sem que Jayme Janeiro Rodrigues tenha sido igualmente enérgico. Mas, diante daquele espetáculo de brutalidade, em algum momento o limite do árbitro seria ultrapassado. Aliás, de acordo com o *Correio Paulistano*, o apitador havia, pouco antes do acontecido, "advertido Junqueira e mesmo Virgílio de que à primeira falta violenta expulsaria do campo o infrator". Janeiro cumpriu a palavra.

A torcida palmeirense só esperava a saída de Virgílio para acompanhar a cobrança de pênalti – que, em tese, garantiria o quarto gol da equipe. Mas não seria tão simples assim.

Apoiado por seus companheiros, o zagueiro são-paulino recusou-se a deixar o gramado. Cansado de pedir a Virgílio que saísse, o árbitro solicitou intervenção da autoridade – e o delegado Martins Lourenço teve de entrar em campo para retirar o atleta. Enquanto o comissário e o infrator caminhavam para os vestiários, o capitão Luizinho correu em velocidade galopante em direção ao túnel tricolor, onde se encontravam, no relato do presidente Décio Pedroso, todos os seus paredros e alguns de seus mais altos consórcios – como Paulo Machado de Carvalho e Piragibe Nogueira, presidente no período 1938-40. Com dez homens em campo e um placar que, em instantes, muito provavelmente apontaria 4 a 1 para o rival, o São Paulo estava prestes a sofrer uma piaba histórica. E Luizinho – "nervoso, com um trejeito de terror na face amarela", na descrição do jornal *O Esporte* – queria saber dos diretores o que fazer diante do iminente vexame.

E goleada nenhuma seria tão vexaminosa quando a decisão tomada pelos são-paulinos.

"Luizinho correu para a escadaria e de lá voltou ao centro de campo, fazendo sinais aos seus companheiros para que deixassem o campo", relatou o *Diário da Noite*. O horror, o horror: diante de 60 mil almas atônitas, faltando 26 minutos para o final do jogo, o São Paulo Futebol Clube resolvia bater em retirada.

A indecorosa fuga, porém, acabaria frustrada. "Isso não foi consumado porque a polícia não o consentiu." A cena, já lamentável, ganhou ares patéticos, de acordo com o *Diário da Noite*: cumprindo rigorosamente as ordens de não deixar ninguém entrar ou sair do gramado durante o jogo, a força policial impediu a debandada tricolor. "Mas os tricolores recusaram-se a reiniciar a partida, ficando os dois quadros parados no gramado." A fim de não beneficiar os autores da contravenção, Jayme Janeiro Rodrigues não interrompeu a partida. Reunidos em uma rodinha, os palmeirenses observavam, a distância, suas presas.

Cabisbaixas. Silenciosas. Humilhadas.

O triunfo agora era questão de tempo. Quando se escoaram os 45 minutos regulamentares, o árbitro soprou o apito.

A guerra chegava ao fim.

E o Palmeiras, contra tudo e contra todos, se sagrava campeão paulista de 1942.

Enquanto os jogadores periquitos davam uma volta em torno do gramado, celebrando com a torcida ensandecida, os dirigentes congratulavam-se no vestiário. "Todos os paredros do Parque Antarctica lá estavam. Fisionomias radiantes, braços abertos para um amplexo de satisfação incontida", reportou *O Esporte*. "Finalmente irromperam na escada do túnel os campeões paulistas de 1942. Que delírio não presenciamos então!" Og foi o primeiro a gritar: "Sou campeão paulista! De fato e de direito!" E, um a um, os atletas deram suas declarações ao periódico. Oberdan: "Jogamos como verdadeiros ponteiros. Vencemos, enfim, porque, pela qualidade de nosso jogo, não poderíamos perder!" Lima: "Novamente campeão paulista! Vínhamos preparados para obter o título, e o obtivemos. Estou satisfeito como poucas vezes o estive". Villadoniga: "Jogo que não poderia ter outro resultado. Pena que não tivesse terminado".

Apenas Begliomini destoava da turma. O zagueiro palmeirense saiu meio macambúzio de campo. "Foi uma pena que os tricolores não quisessem continuar. Porque acho que venceríamos por maior contagem."

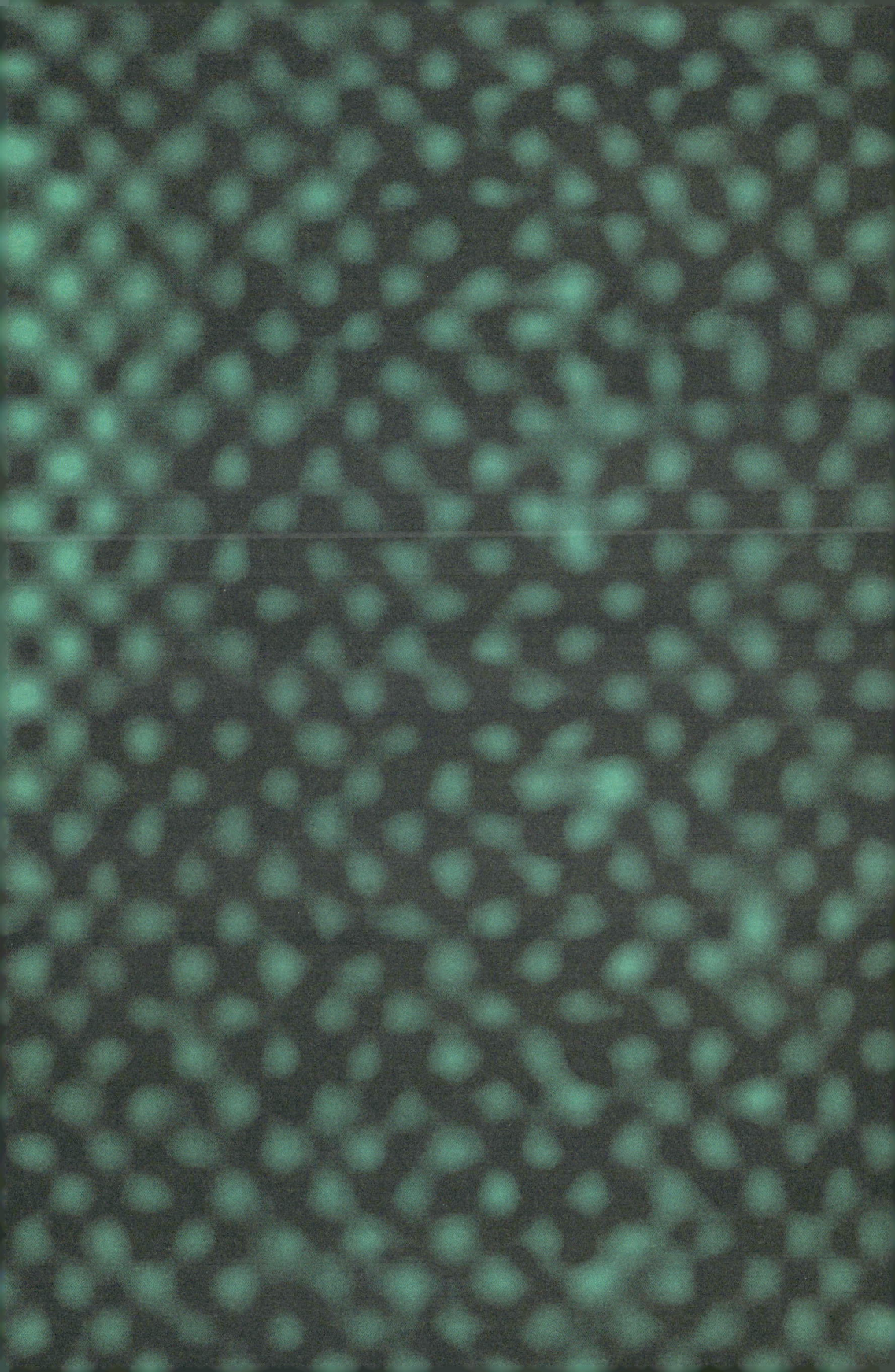

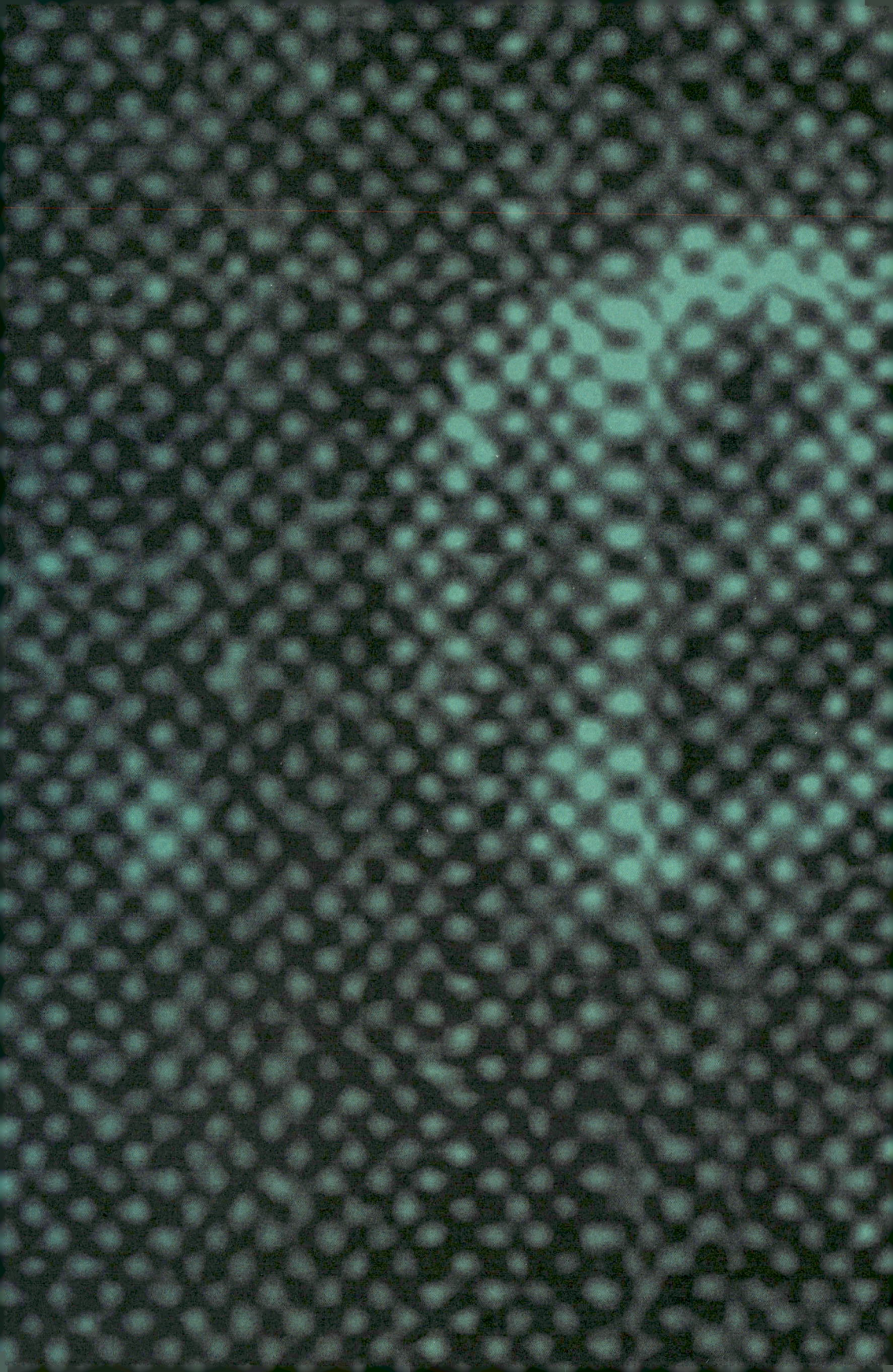

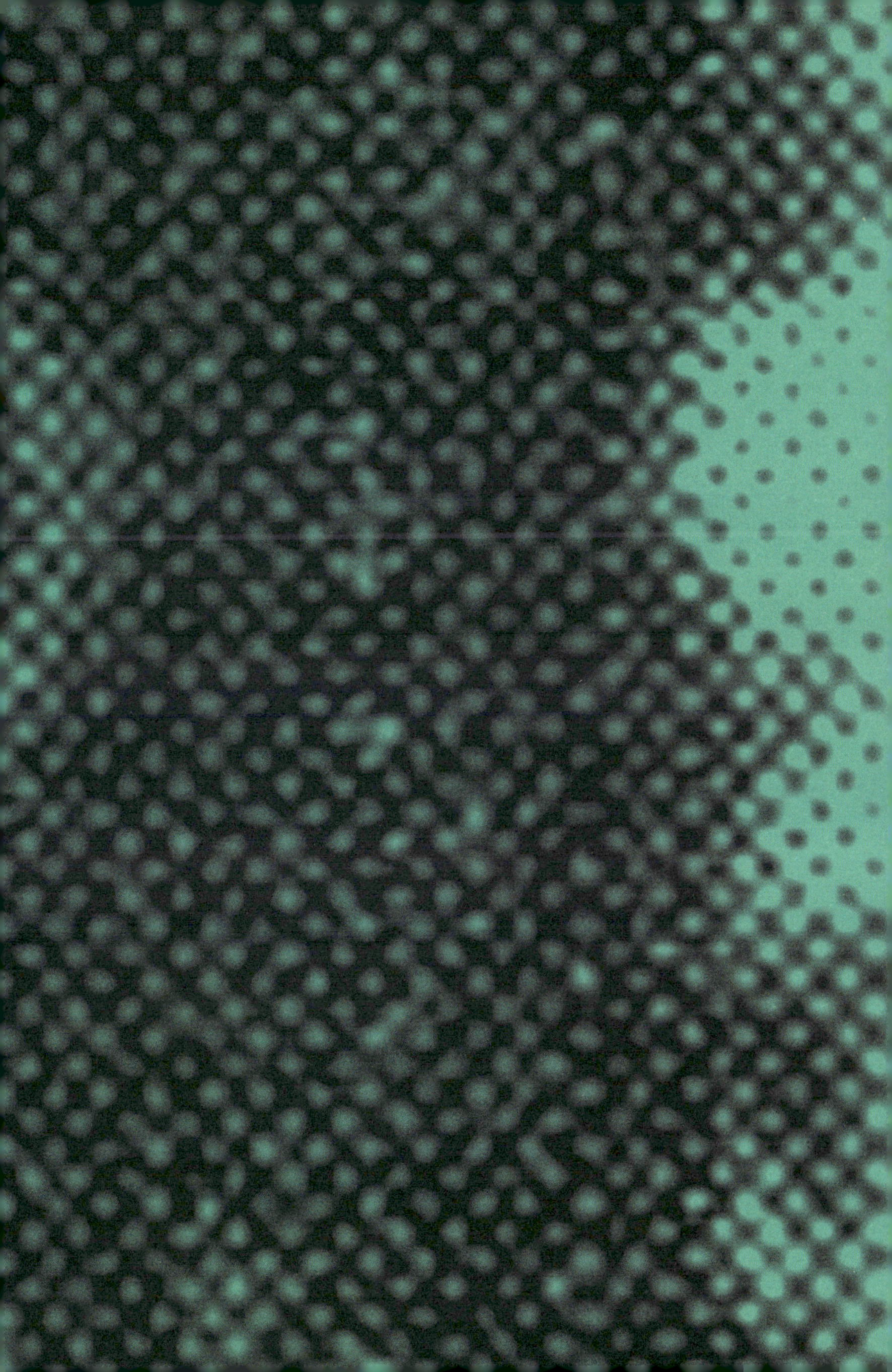

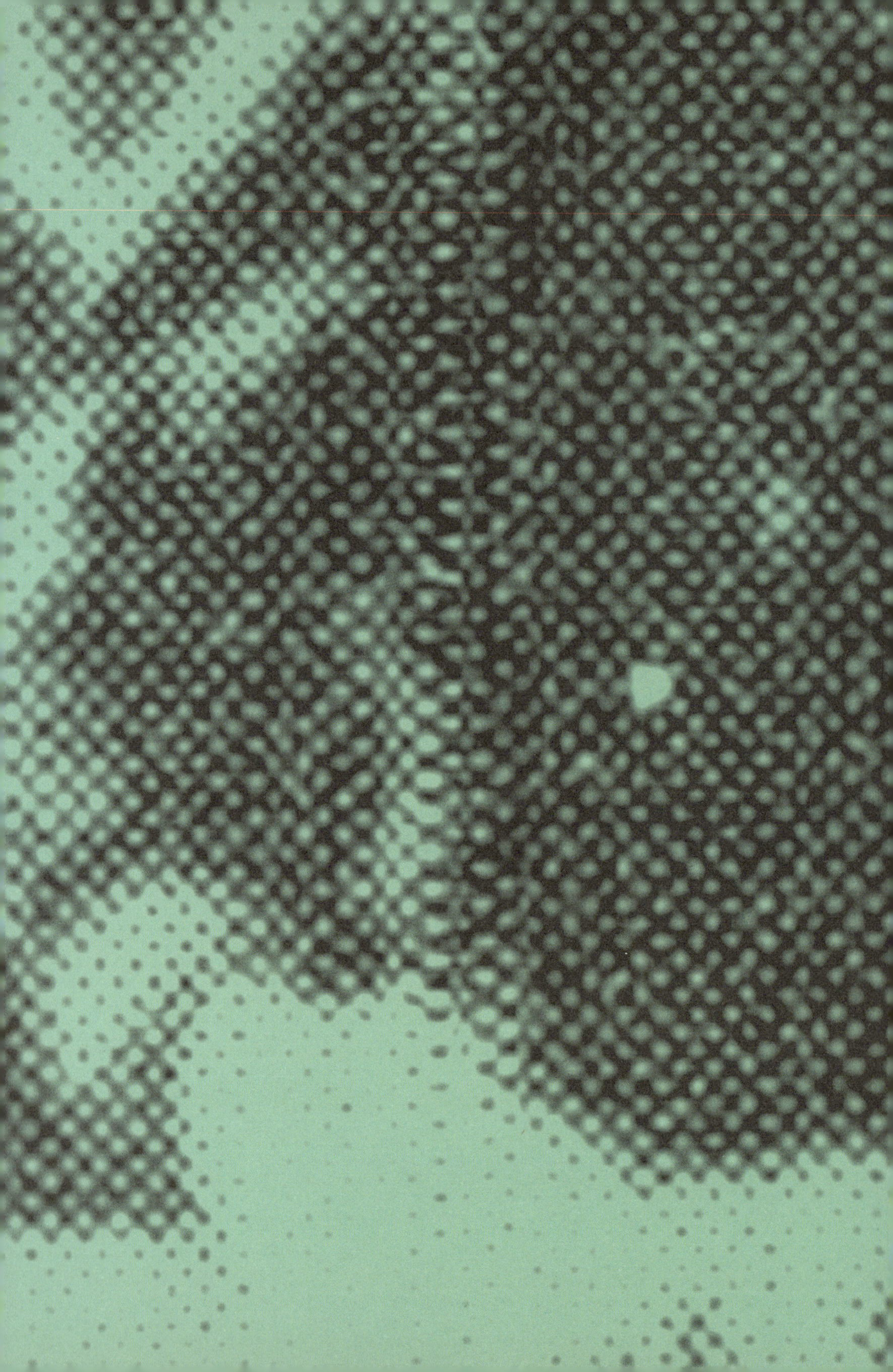

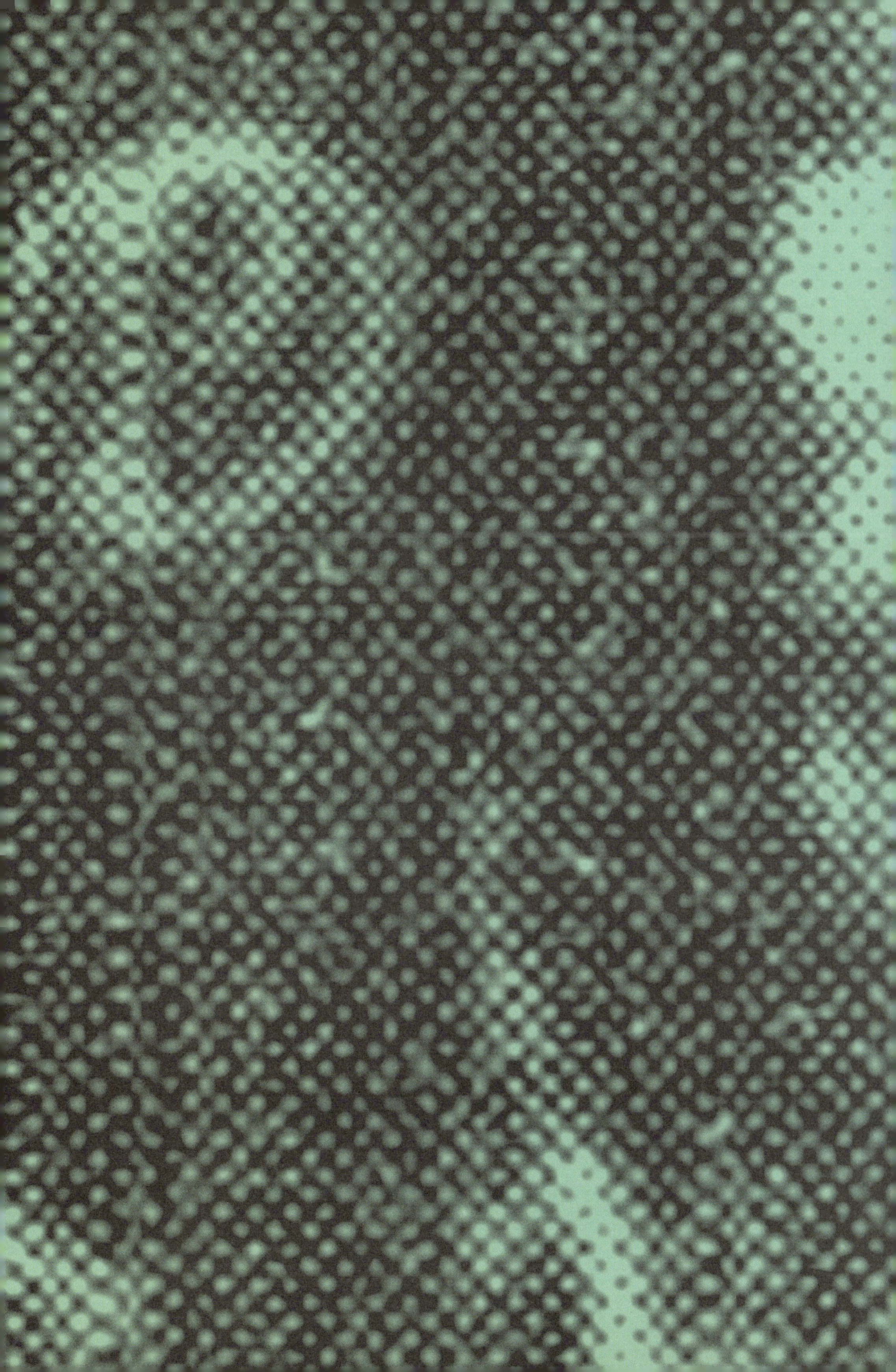

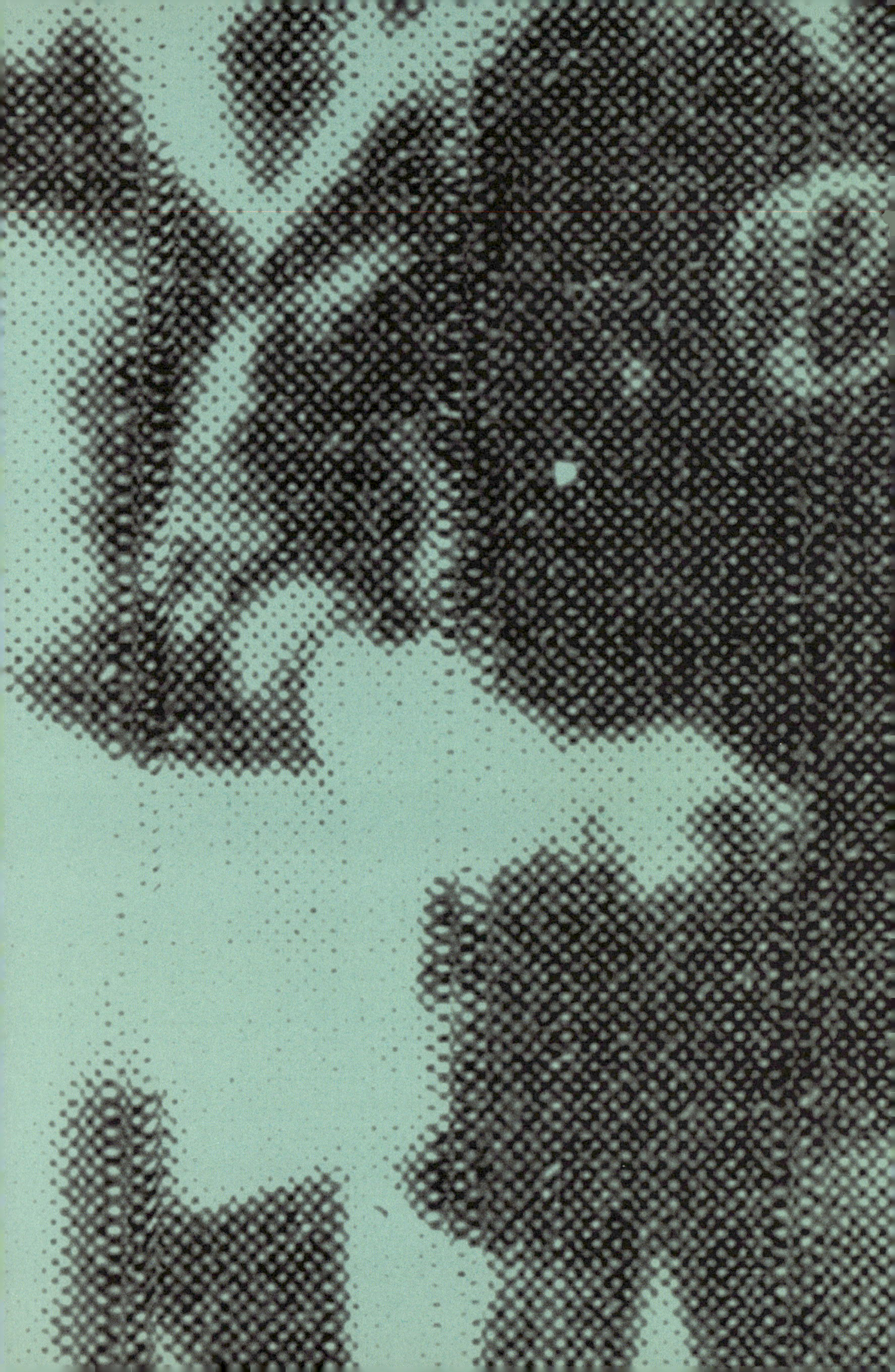

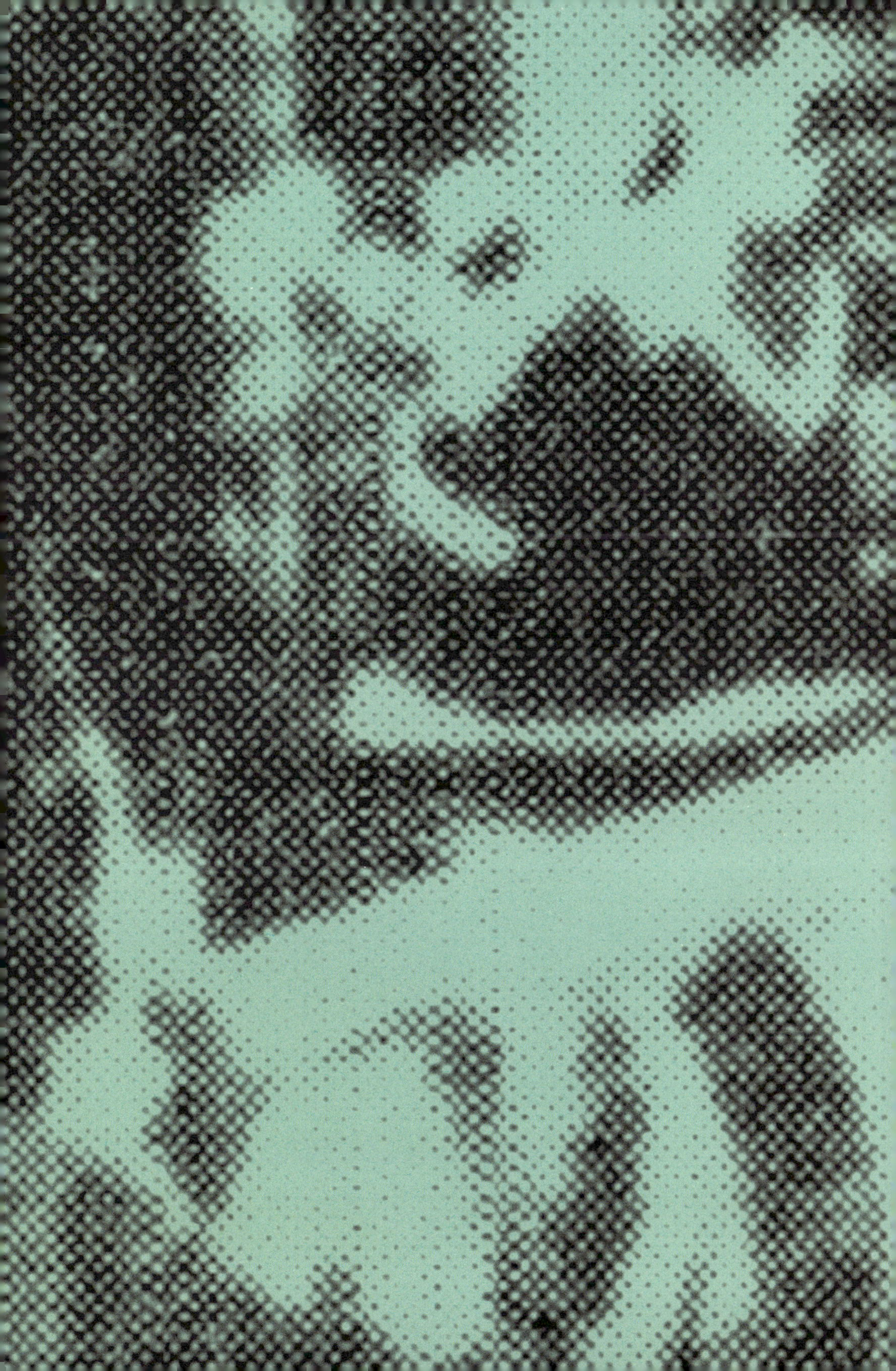

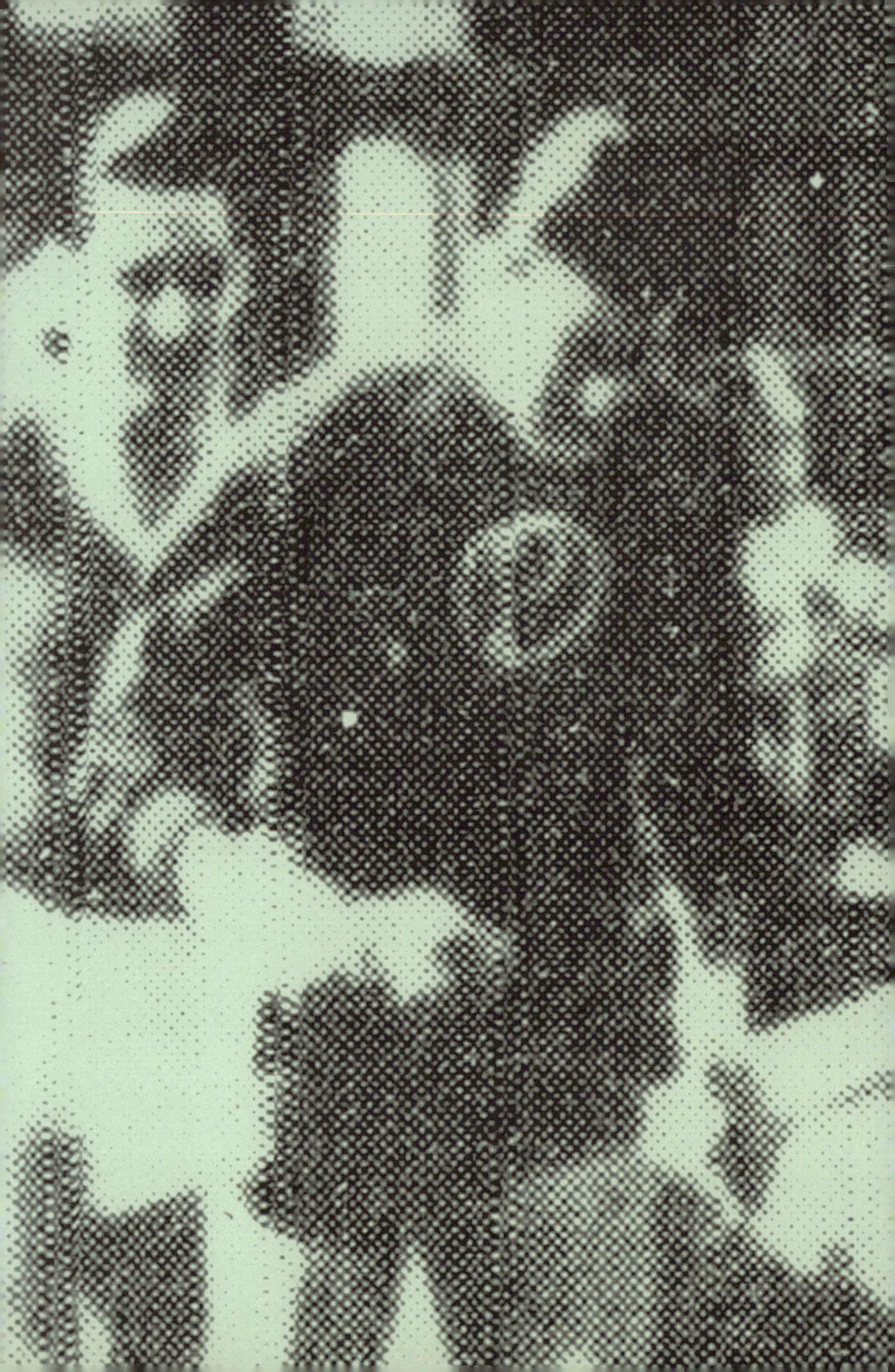

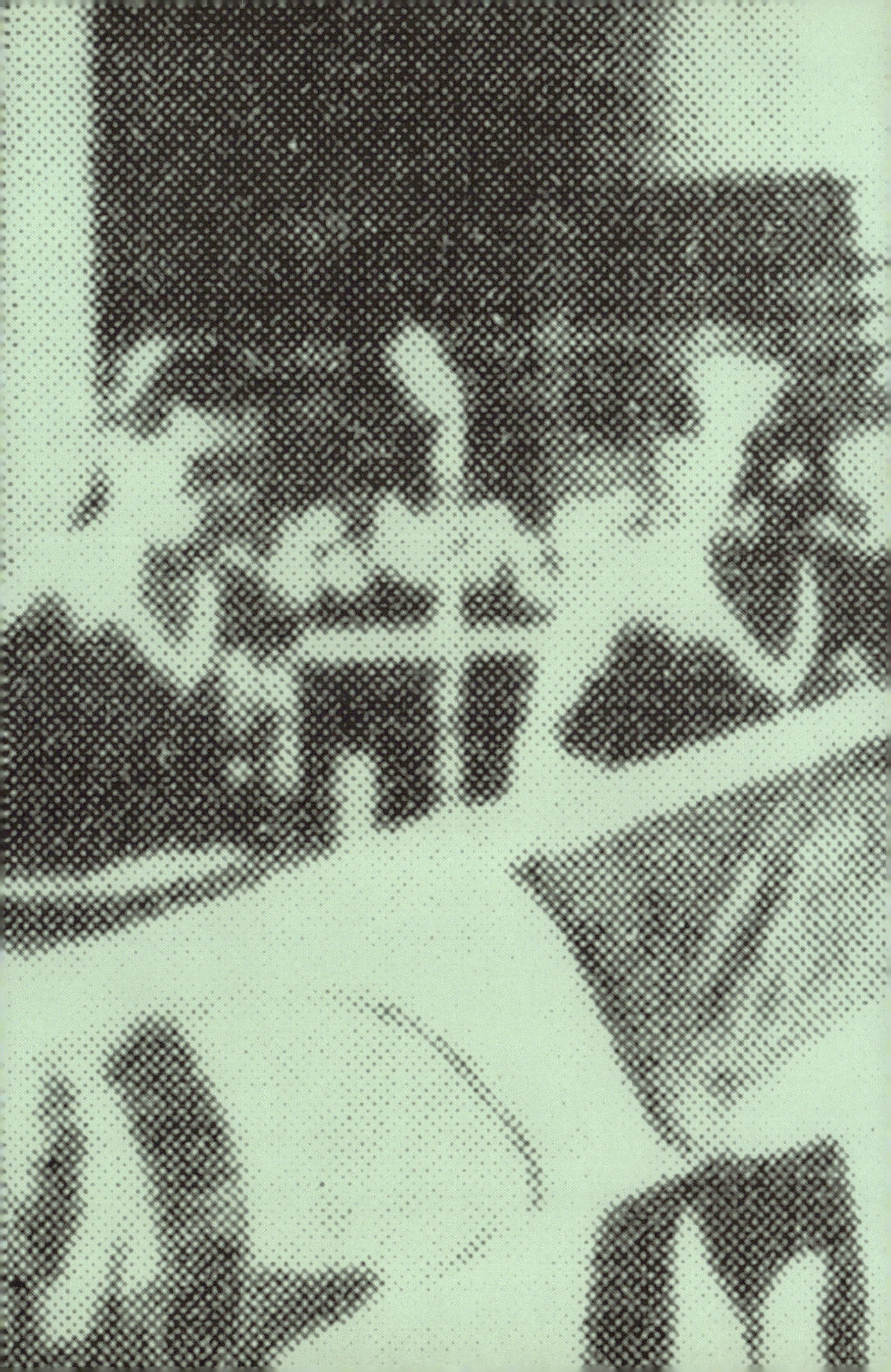

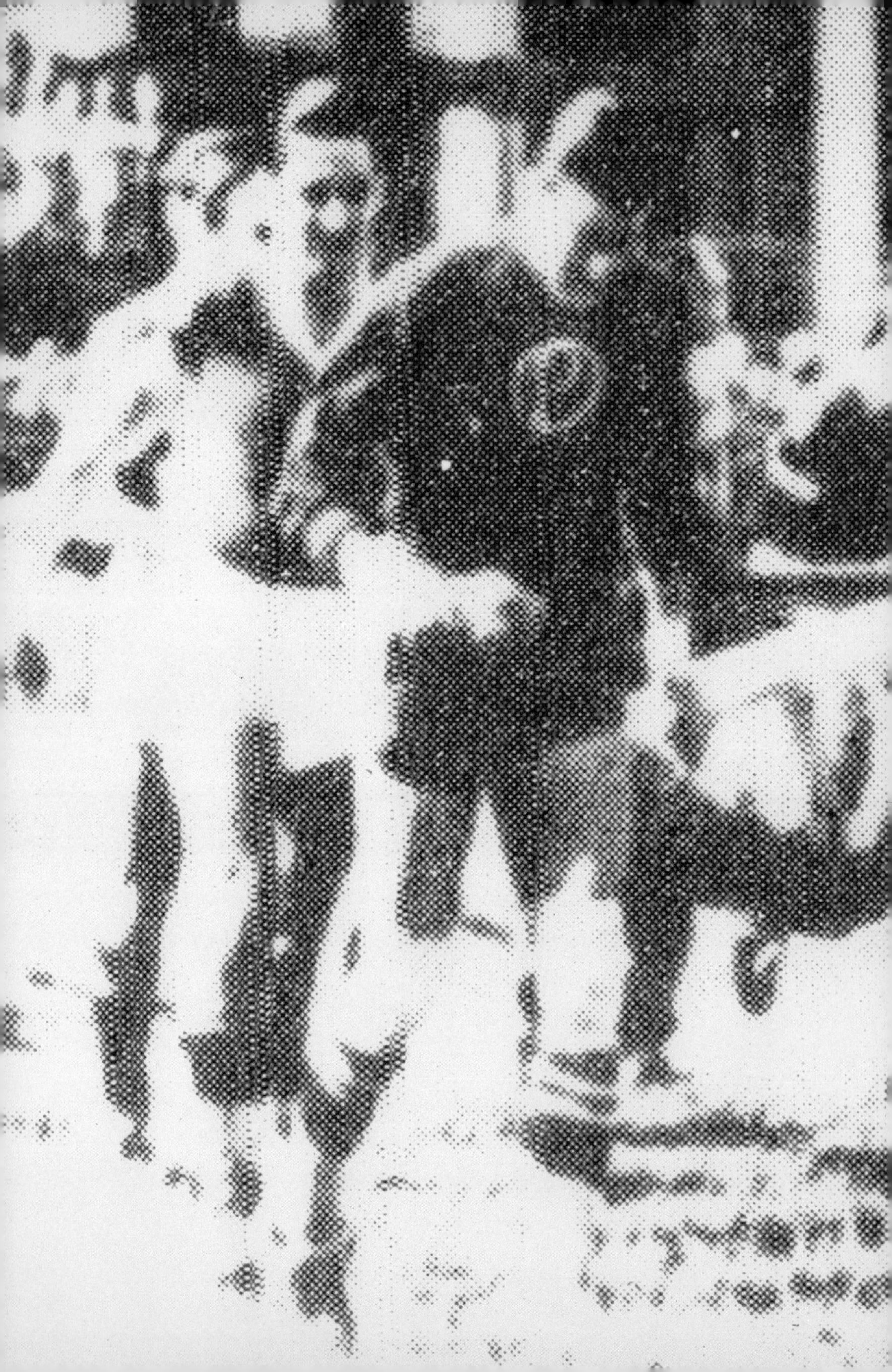

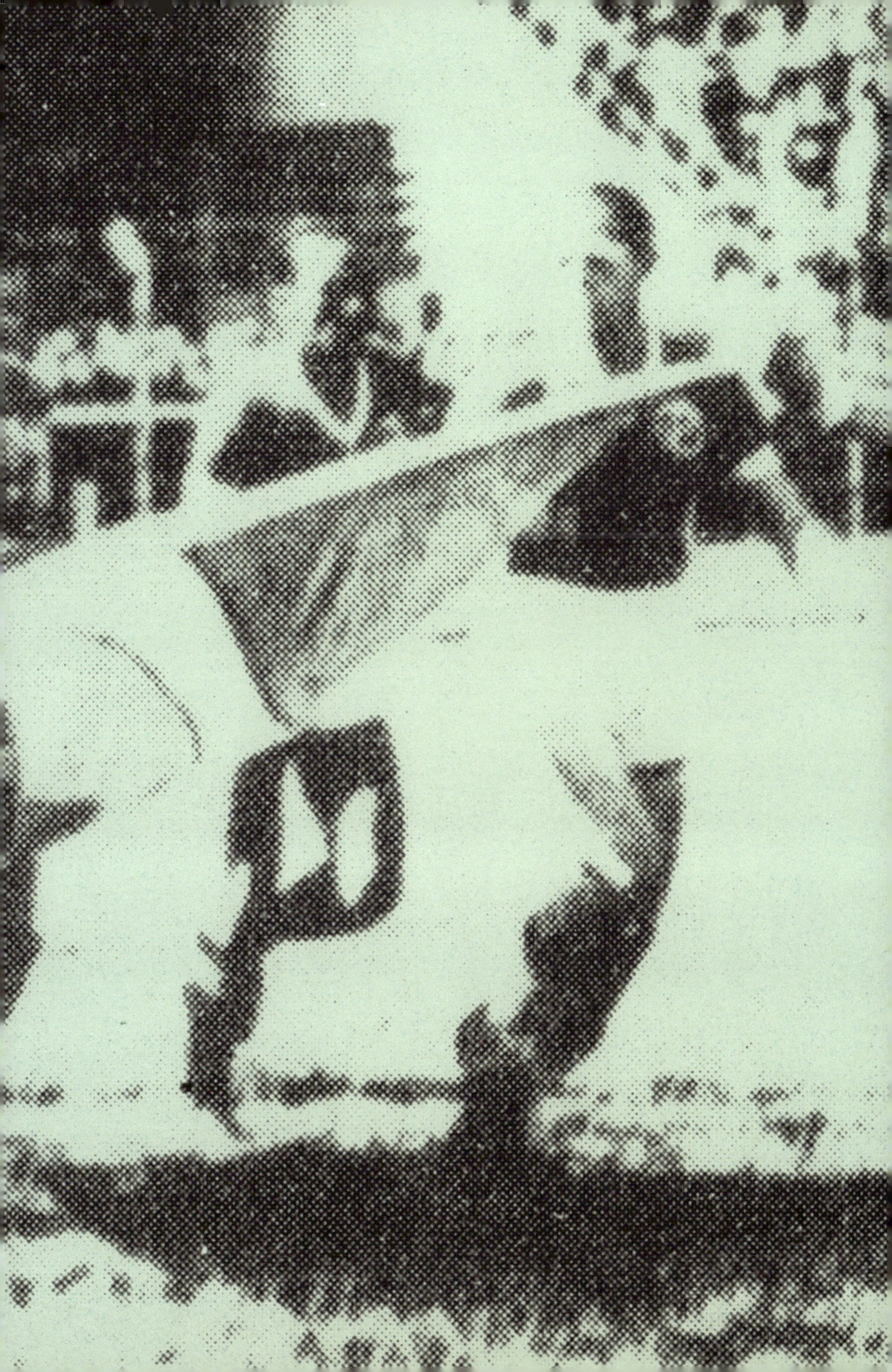

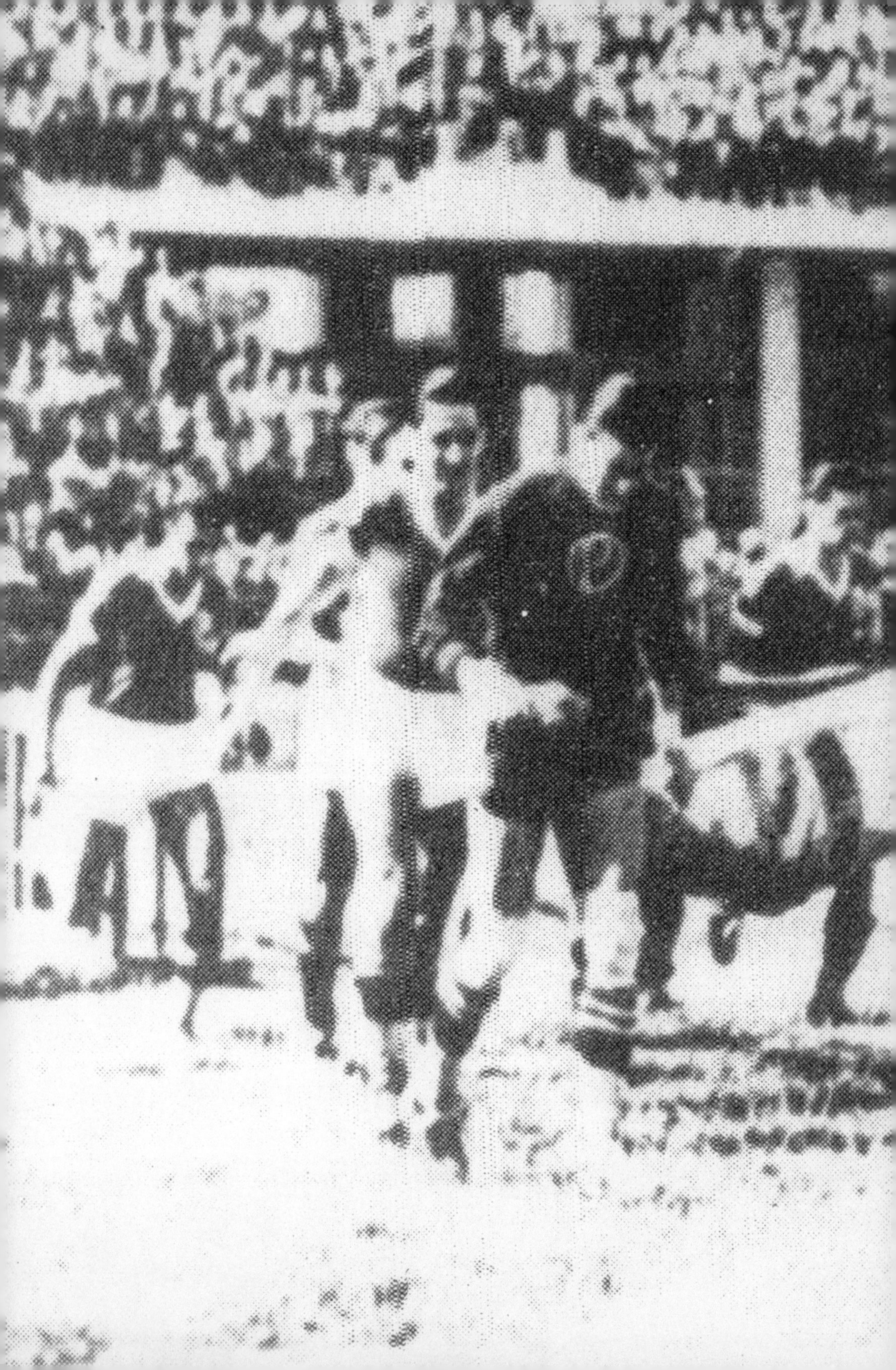

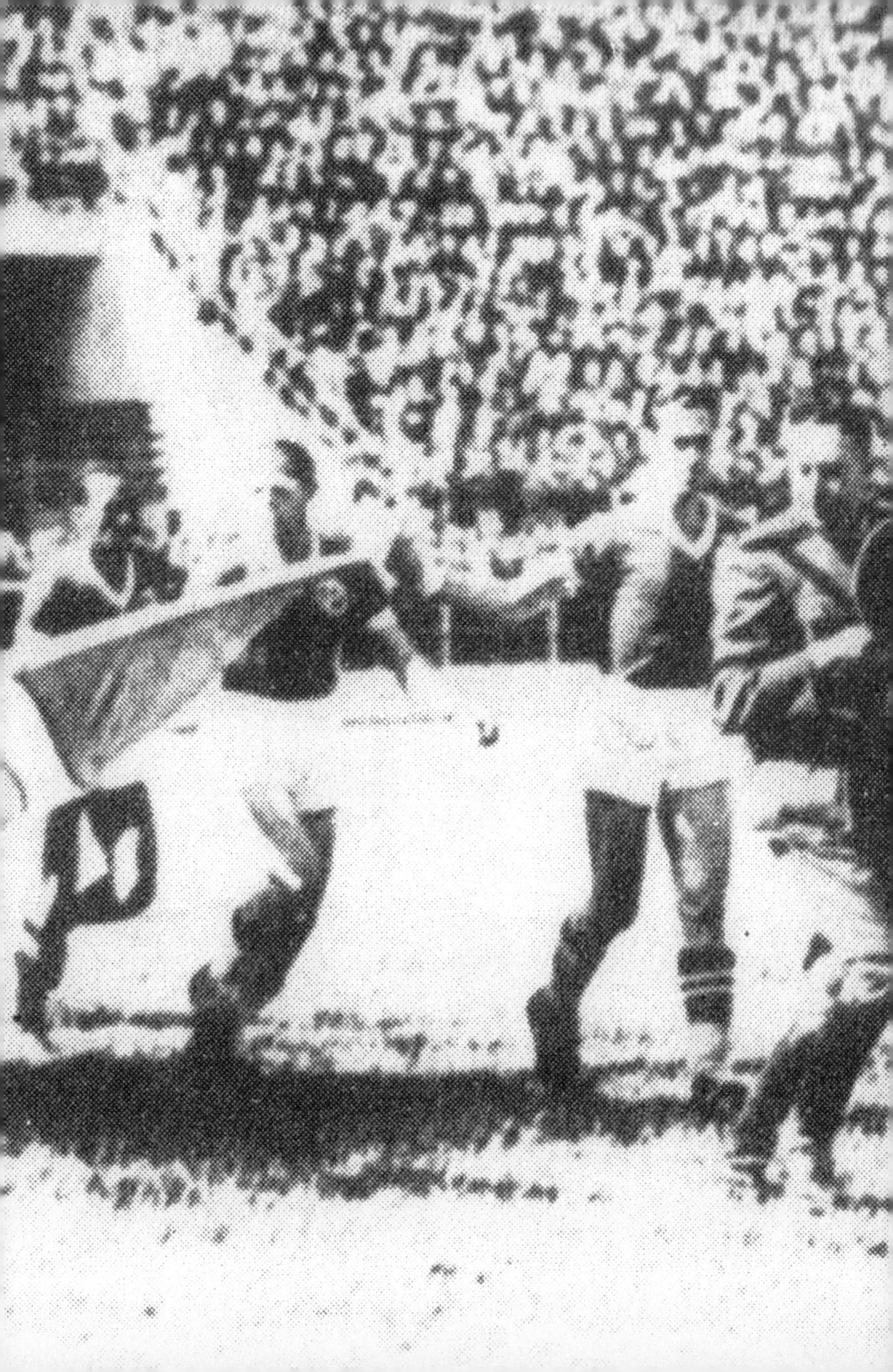

# PAMPA
# ASPA

# FIRAS
## RAIN
### MEHRA

Ao alto: a "torcida" uniformizada palmeirense pouco antes de ser iniciado o prélio.

OUTRA ATITUDE CONDENAVEL

Merece, tambem, a mais veemente condenação o ato da "torcida" oficial do São Paulo, levando para o estádio enormes cartazes em que se insinuava serem "quinta-colunistas" todos os adeptos do alvi-verde, e — o que é mais grave — usando para isso expressões empregadas re...

posando antes

do prelio.

Defesa de D

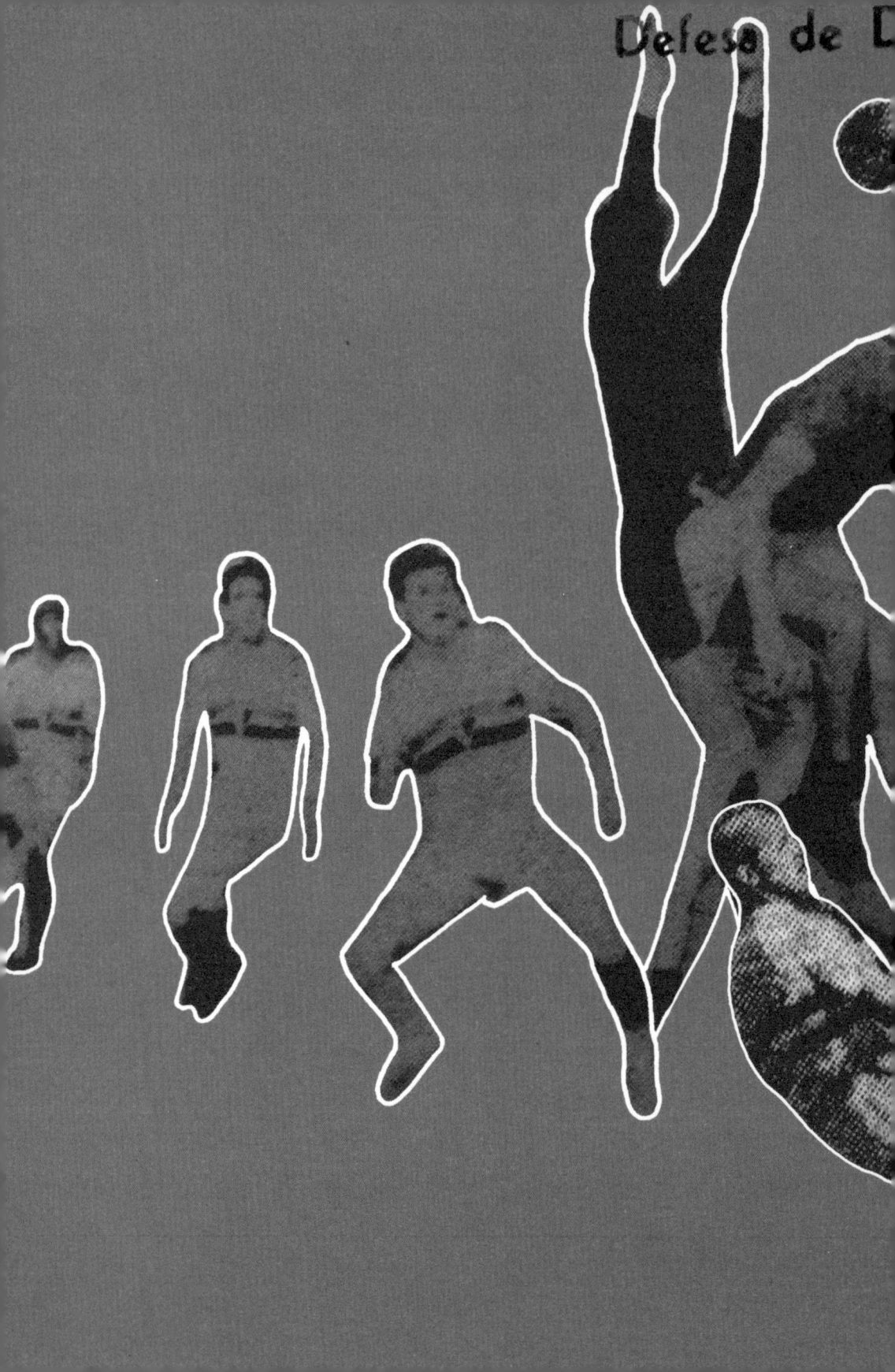

utor, o arrojado arqueiro do São Paulo

Dontor é vencido no seu último esforço par

...efender.

PALMEIRAS

"Goal" de Claudio

A abertura da contagem.

*Oberdan salta* e prepara-se

para defender

*Oberdan desolado...*

O tento do S. Paulo.

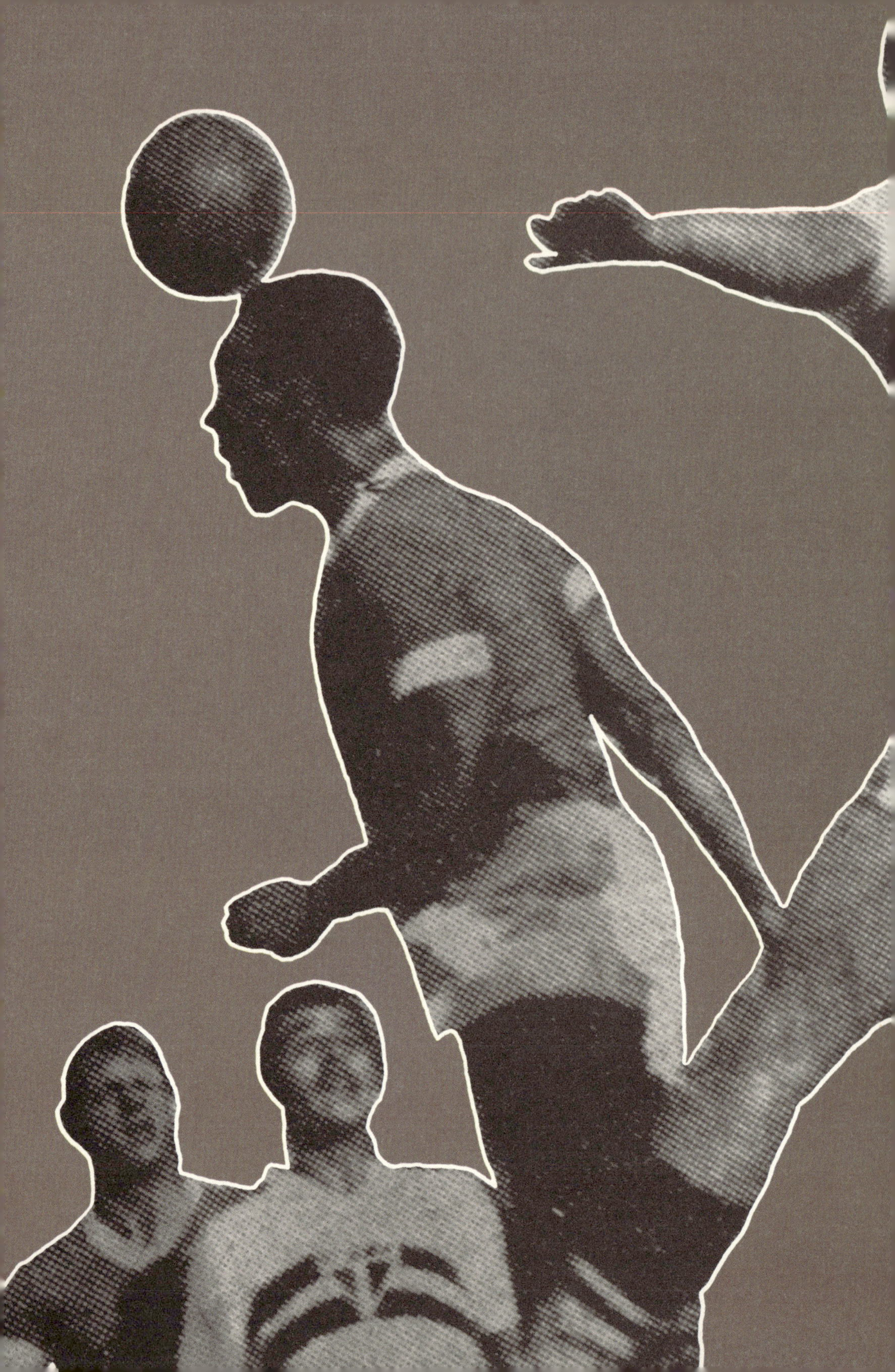

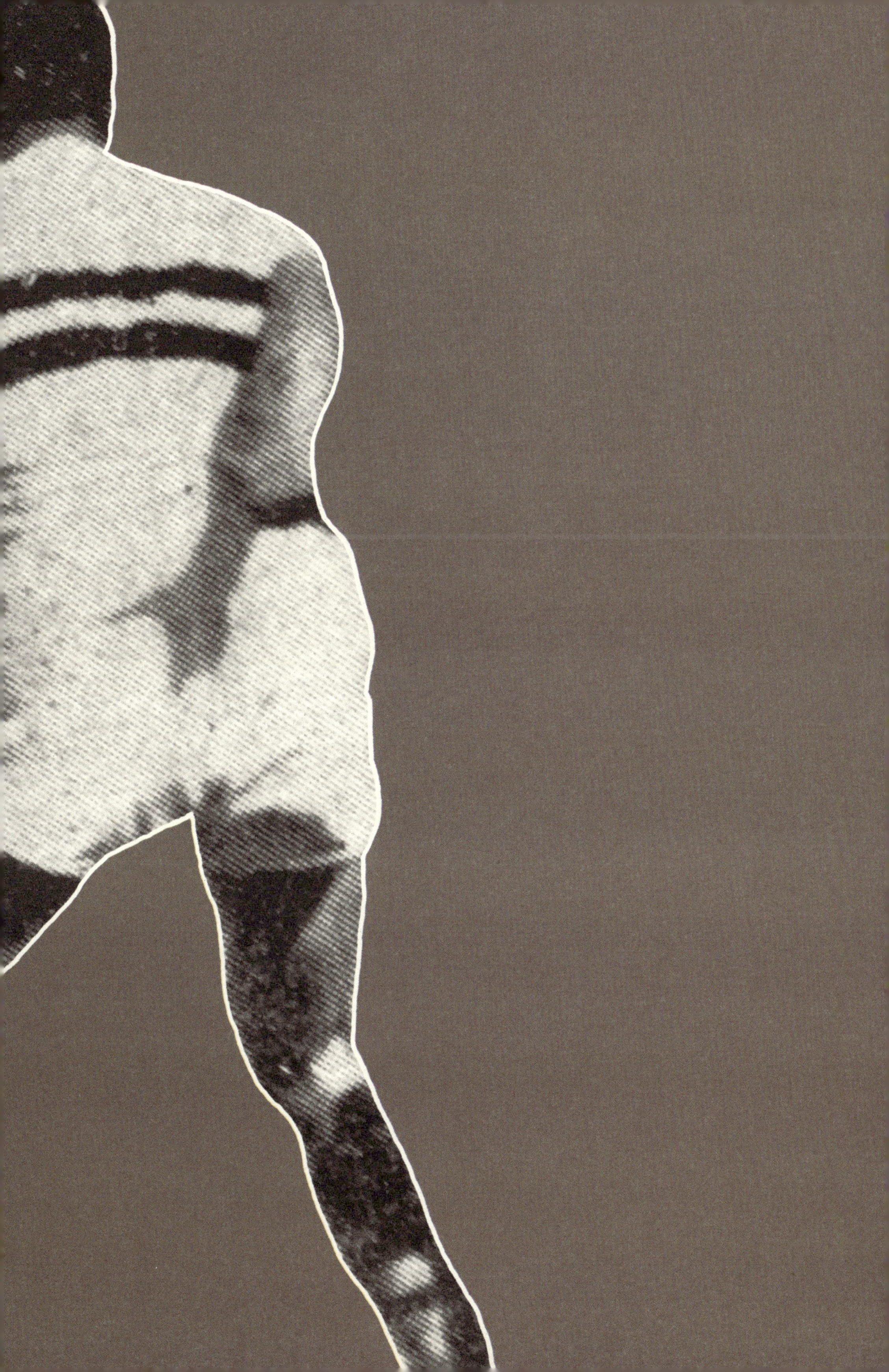

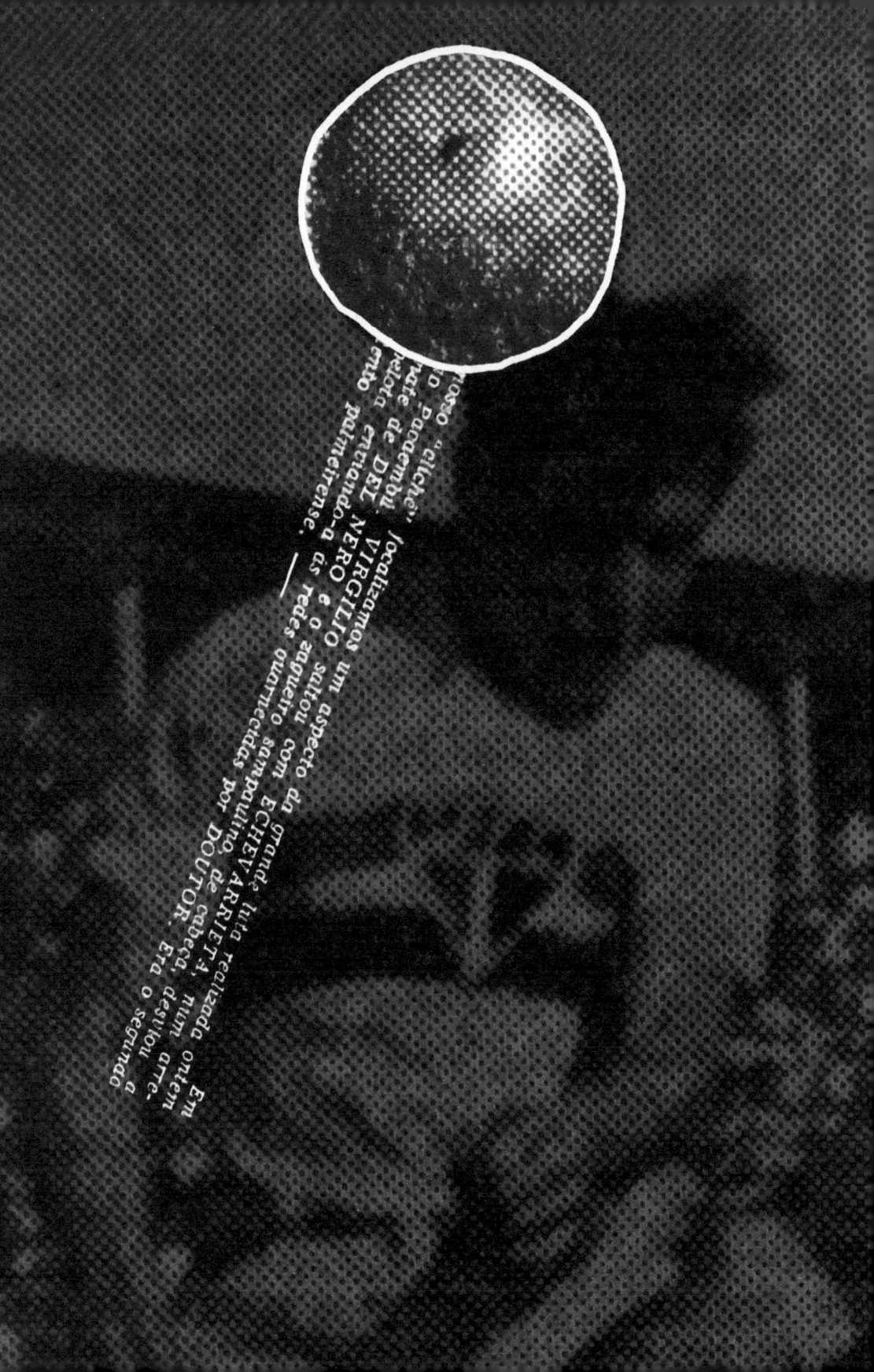

Nosso "clichê" localizamos o lance de Pacaembú. A bola de DEL VERGILIO um aspecto da grande luta realizada em errando NERO e o zagueiro sampaulino ECHEVARRIETA, num ordem palmeirense. saltou com quatro guarnecidas por DOUTOR. Era o segundo as redes cabeça, desviou-a

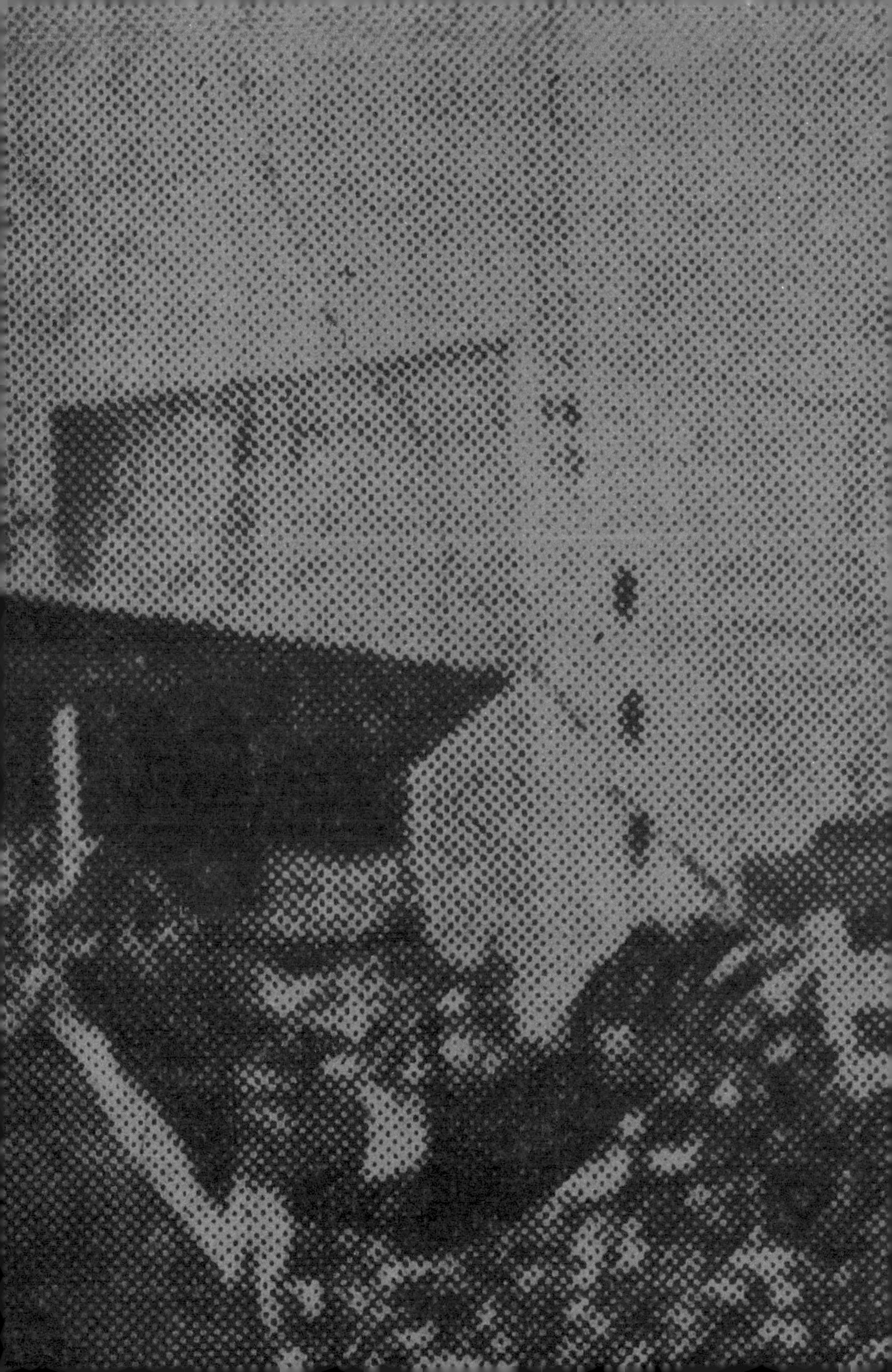

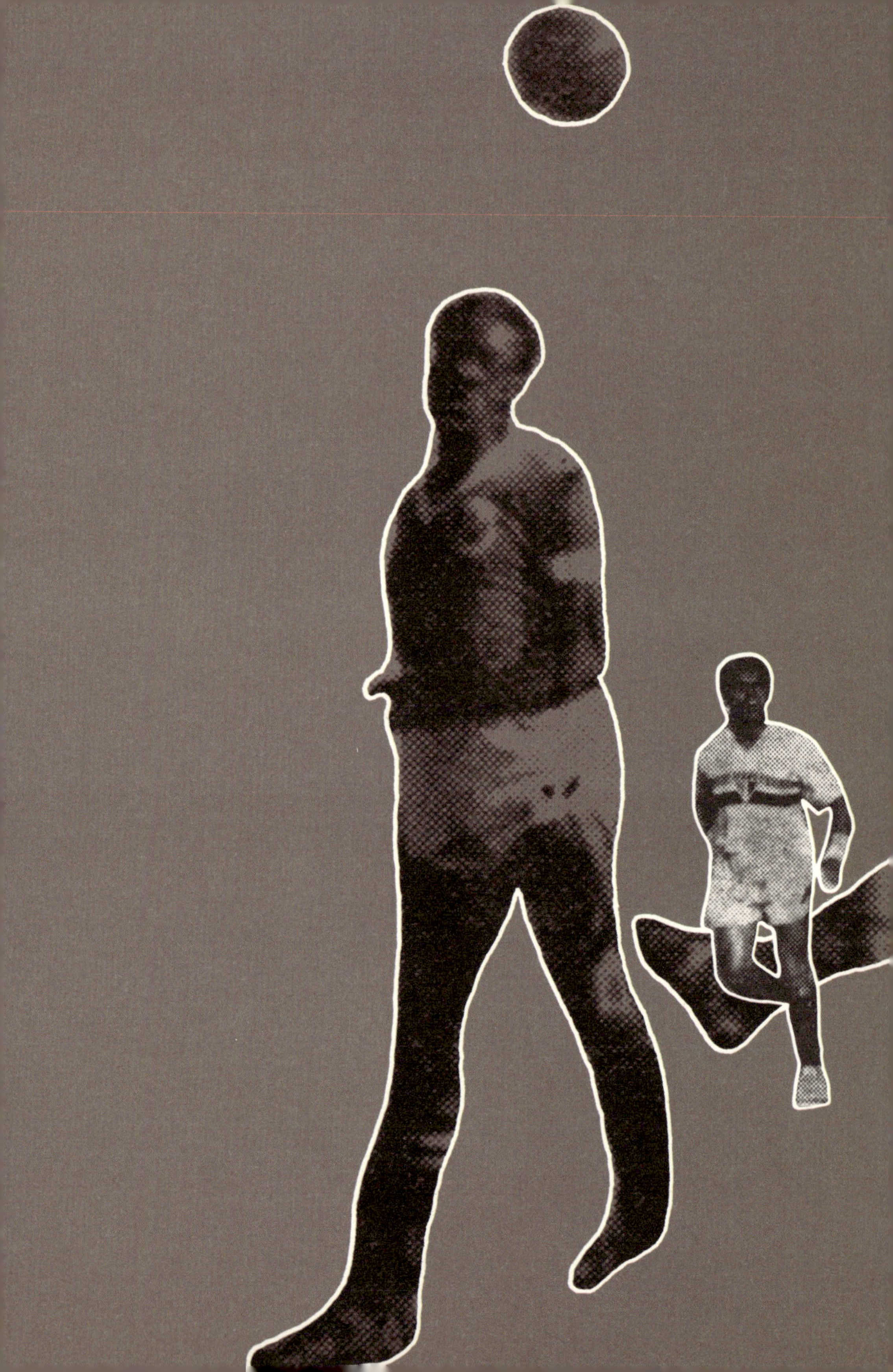

*pardal salto – cabeceio – vibração – o bote – o tiro – a bola – tira primeira*

O 3.o tento do Palmeiras

Na fase final, ao leva a contagem

15 minutos, Echevarieta para 3,

Virgilio está sendo carregado para fora do gramado pelo Dr. Martins Lourenço, autoridade policial de serviço no campo

A EXPULSÃO DE VIRGILIO

Em cima (no canto do clichê) o momento dramatico de Virgilio, quando ele era retirado de campo acompanhado pelo dr. Martins Lourenço, delegado de serviço no Pacaembu'.

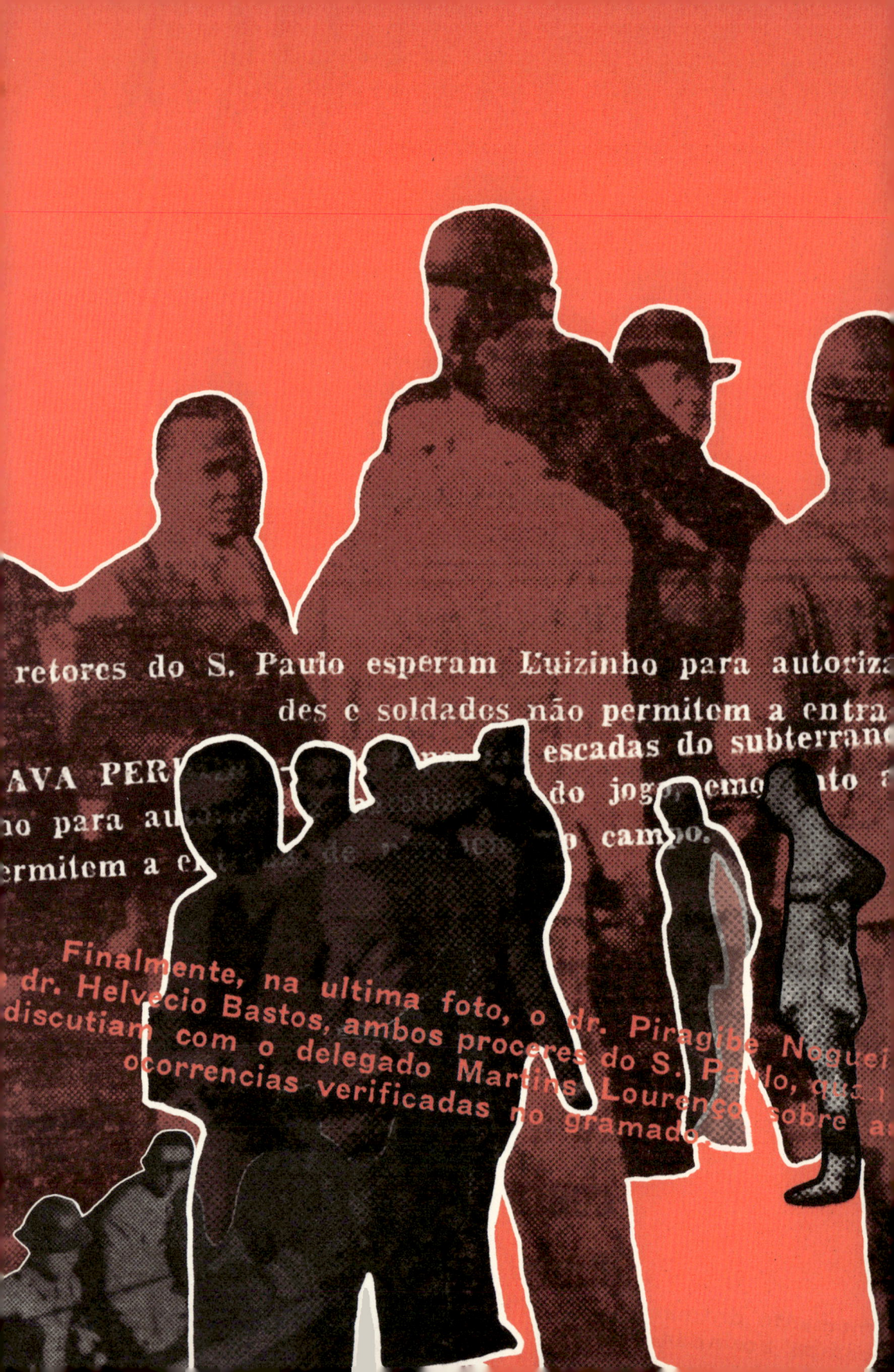

retores do S. Paulo esperam Luizinho para autoriza
des e soldados não permitem a entra
AVA PER escadas do subterrâne
do jogo emq to
no para au
rmitem a e campo.

Finalmente, na última foto, o dr. Piragibe Nogue
dr. Helvécio Bastos, ambos próceres do S. Paulo
discutiam com o delegado Martins Lourenço
ocorrências verificadas no gramado.

No topo d
paralizaç
de ningue
s di-
rida-

Os "palmeiristas" aguardam o reinicio da partida...

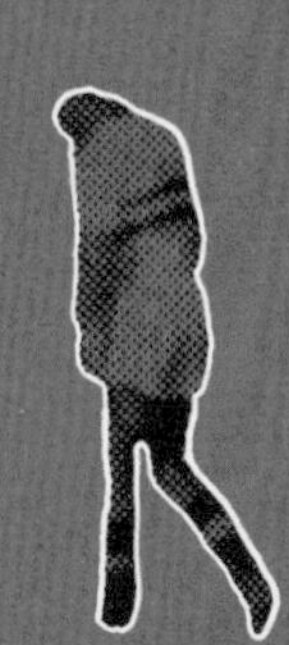

É O CAMPE
CAMPE
SOMOS
PALM
Palmeiras estreiou conqu
A vitória do Palmeira
O PALMEIR
O Palmeiras derrotou
Palmeiras sagro

O! DE 1942
AMPEÕES
EIRAS
stando o titulo maximo.
foi merecida
S PROVOU
S. Paulo Etc. pôr 3 a 1

PALMEIRAS

TECNICO
DEL DEBBIO

INSTRUTOR
Tte CLAUDIO

CLODO

JUNQUEIRA

OBERDAN

BEGLIOMINI

PROCOPIO

O G

CAMPEÕES PAULISTA DE 1942

CLAUDIO

# A FAMILIA PALMEIRENSE SORRI TRIUNFANTE

- CELESTINO
- MASSAGISTA / CARLOS
- VALDEMAR
- GENGO
- PALMIERI
- VALDU
- AMÉRICO
- DEL NERO
- LIMA
- TCHEVARNIA
- CABEÇÃO

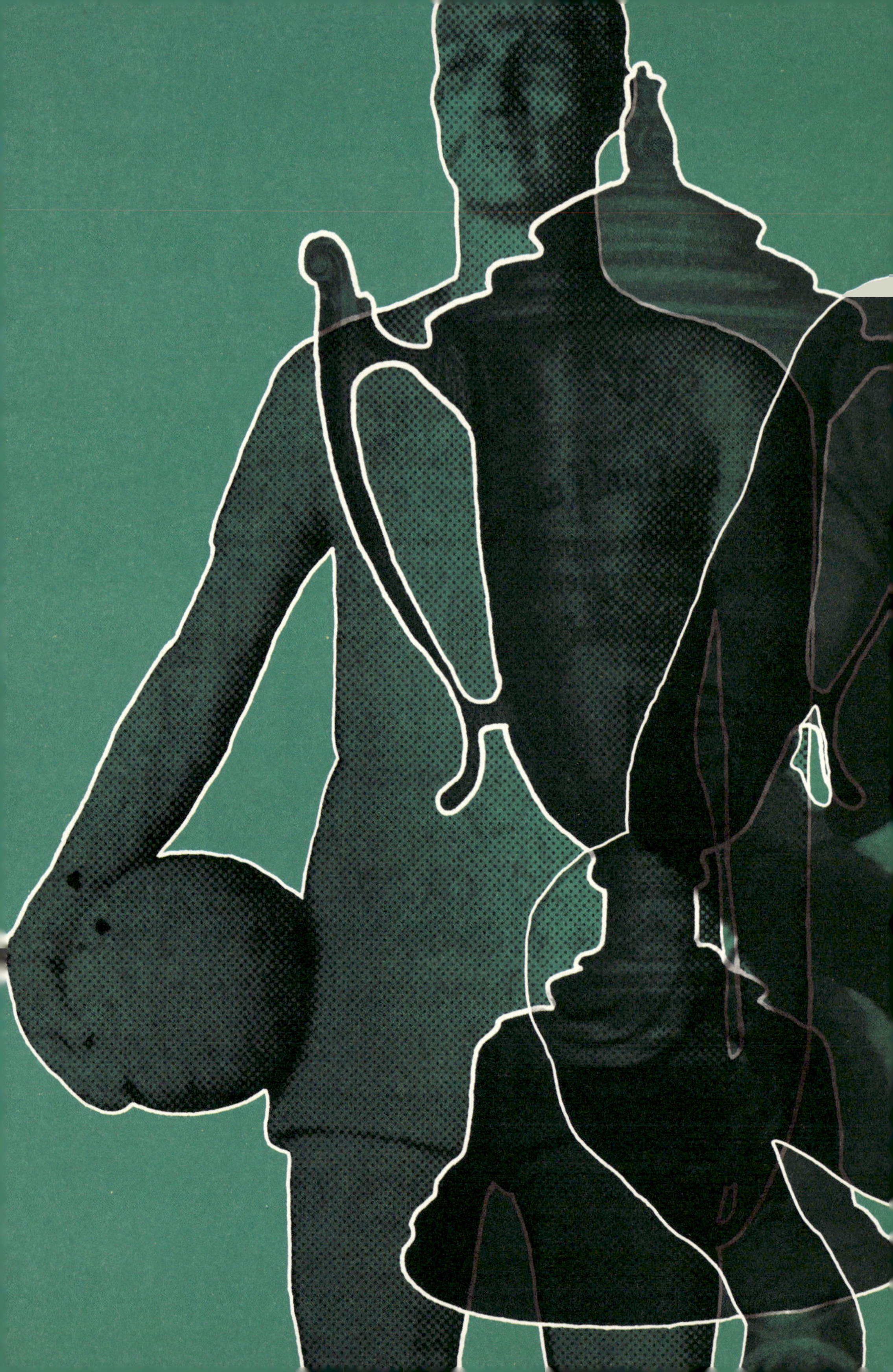

CAMPEÃO PAULISTA - 1942

Vicente Ragognetti, no *Moscardo* de 26 de setembro de 1942, resumiu toda a ópera. "O Palestra desapareceu invicto e o Palmeiras surgiu campeão."

*Acabou a história, vamos contar outra vitória. A coisa começou como uma "guerra de nervos" e acabou com os nervos da guerra, no campo do Pacaembu, onde surgiu o Palmeiras, com as palmas da vitória, e onde as serpentinas perderam a sua cor e os confetes ficaram sem jeito de voar.*

*Honra ao mérito. Os jornais citadinos elevaram hinos e jogaram flores de retórica sobre os campeões. Fizeram bem, sem dúvida alguma. Foram eles que deram no couro...*

*Mas não é necessário esquecer também os dirigentes do Palmeiras, estes abnegados que trabalham a troco de rezas, no escuro; que muitas vezes deixam as suas fábricas, os seus negócios, o seu dinheiro, para tratar das questões do clube, para tratar da regulamentação de um contrato de jogador, para cuidar da saúde de um craque...*

*Em primeiro lugar surge o Italo Adami, o presidente que às vezes finge ser mole, para pegar o peão na unha. O Italo, nos derradeiros dias da campanha final e imperial, esteve de uma atividade assombrosa, tudo cuidando, nada esquecendo, acalmando os exaltados, dando coragem aos poltrões, vigilante e atento, perdendo horas a fio do seu trabalho eficiente e intenso de todos os dias, para se interessar unicamente dos casos do Palmeiras.*

*Outro elemento que secundou o Italo em tudo foi o vice-presidente número 1, o Hygino Pellegrini, que, com sua conhecida paixão de esportista, nestes últimos meses, quando seus afazeres diuturnos lh'o permitiam, tratou exclusivamente das coisas e dos homens do clube de Parque Antarctica. E que dizer do capitão Adalberto Mendes, que entrou, de pé firme, na sociedade, com o entusiasmo de um veterano de todos os esportes?*

*Odilio Cecchini, o "coruja" da turma, que abandonou o seu Ponto Chic, o seu lar, para estar sempre perto dos pupilos,* concentrando-os e concentrado ele também, autoritário quando era necessário, camarada quando a ocasião era propícia, foi o guia imprescindível que conduziu o quadro à vitória final.

Não se devem esquecer do Saverio Mandetta, sempre pronto a tudo; o João Giannini, velho esportista com seu entusiasmo de moço; o dr. Paschoal Giuliano, moço fino e sempre pronto a sacrificar sua mocidade e sua profissão; o dr. Edmundo Scala, médico e literato, com a palavra sempre pronta para tudo; o dr. Remo Pierri, um neófito de valor; o Leonardo Lotufo, o intemerato tesoureiro, o homem dos cobres, o raciocínio do clube, sempre lógico nas suas conclusões e sempre reto nas suas atitudes; o Ernani Jotta, novo diretor, mas que com sua lábia de locutor, soube dar a sua "Hora" de satisfações no ar a todos os adeptos do clube.

Por fim, aí está, dulcis in fundo, o Attilio Ricotti, o homem do "ano imperial" do esporte bandeirante, que, com o seu barulho, fez todos os barulhos, com o seu natural dinamismo, injetou dinamismo nos dirigentes dos outros clubes, terrivelmente ativo, prodigiosamente eficiente, milagrosamente construtivo.

O Carlos, o massagista, que faz todos os milagres musculares, o Santo da Lapa, outro elemento que cooperou com a virtude dos seus... dedos para a vitória final, confessava ao Del Debbio, que ria verde-amarelo:

– Não se podia perder o jogo nem a pau. No dia 20 foi o dia de Santo Eustáquio; o padre Eustáquio fez o milagre em Poá; com o jogo de domingo, concluía-se o número 20 dos jogos invictos para a classificação da taça da Gazeta Esportiva; os jogadores ficaram 20 dias tomando água em Poá... Era justo que os são-paulinos pedissem água no dia 20.

Bem. Morreu a história, e vamos contar outra... "guerra de nervos". Esta já passou e não deu certo. Para o futuro, inventem outra, mas com melhor tática, melhor tino, e com mais inteligência.

Pano rápido.

8

# A HERANÇA

*Na esfera dos clubes, da torcida, da imprensa e das* autoridades, a deserção do São Paulo mereceu os mais sinceros votos de desaprovo e repulsa. Além de seu gritante caráter antidesportivo, o espetáculo da fuga frustrada repercutiu, em todos os cantos da cidade, como uma fraude ao cidadão que pagara ingresso para assistir a 90 minutos de futebol – embuste agravado pelo clima de tensão que envolvia o clássico. Diante da atmosfera pesada criada nas semanas anteriores à decisão, a inconsequente pantomima da diretoria tricolor poderia ter sido o estopim para as cenas de violência que a sociedade e a polícia tanto temiam. Graças ao bom policiamento e à serenidade dos adversários, porém, a ordem no estádio foi mantida – e os únicos prejudicados foram o São Paulo e seus aficionados, que, à sonora derrota na bola, somaram um inapelável fracasso moral.

Nos dias seguintes, a repercussão do gesto tricolor foi a pior possível. "O São Paulo ludibriou a boa fé dos que foram assistir a um espetáculo de futebol", opinou *O Estado de S. Paulo*; "o público ordeiro foi esbulhado", acusou o *Diário Popular*; "uma chocante desconsideração à assistência"; recriminou o *Diário da Noite*; "lamentável epílogo", escreveu o Correio Paulistano; "uma atitude desabonadora", avaliou a *Folha da Manhã*, que ainda pesou a consequência do golpe para o tricolor. "Recusar-se a prosseguir na partida, passada a primeira impressão, parecerá para muitos dos seus próprios sócios não como uma demonstração de protesto à atuação do juiz e aos seus erros, mas como uma recusa à luta".

Não que abandonos de partida fossem inéditos. Nas décadas anteriores, todos os times já haviam em algum momento lançado mão dessa prática, típica dos tempos de amadorismo. Existia até mesmo um verbo para definir o expediente: "truncar" o prélio. Mas naquele ano de 1942 já se pensava ter eliminado para sempre essa patologia – daí o assombro de vê-la ressuscitada pelo São Paulo justamente na partida que coroaria o ano mais importante da história do futebol paulista. "Tudo perdido? É mentira que progredimos? Voltaremos realmente aos velhos tempos da desordem?", questionava, inconformada, a *Gazeta Esportiva*. "Espectadores se escandalizaram diante do sucedido. Essas cenas nos orgulhávamos de ter desaparecido de nossos campos. Não é possível ver no gesto do tricolor um ato plausível."

Também as ações da torcida são-paulina foram alvo de pesadas críticas. "Merece também a mais veemente condenação o ato da torcida oficial do São Paulo, levando para o estádio enormes cartazes em que se insinuava serem 'quinta-colunistas' todos os adeptos do alviverde, e – o que é mais grave – usando para isso expressões empregadas recentemente pelo presidente da República. O que fez, ontem, a torcida do São Paulo é obra de desunião nacional", censurou o *Diário da Noite*.

Coube ao *Diário de S. Paulo* uma análise definitiva, sem meias palavras. "Manda a verdade que se diga o seguinte: o São Paulo não soube perder. E saber perder é muito difícil. Acostumado com a vitória, e ambicionando conquistar aquilo que todos os são-paulinos mais desejavam, isto é, o triunfo frente ao líder invicto e a liderança, os mentores ficaram descontrolados, perdendo-se em um emaranhado de resoluções antidesportivas – eles que, até há dias, vinham pregando a moralidade em campo. A realidade, entretanto, foi bem outra, e todos que se colocam acima de toda a paixão clubística não podem deixar de deplorar o episódio em que se envolveu o São Paulo Futebol Clube", sentenciou o jornal. "Espera-se que o Conselho Regional de Desportos, a Federação Paulista de Futebol e a Diretoria de Esportes tomem as providências que o caso requer, pois não é justo que se fomente a desordem dentro do esporte, exatamente no momento em que se exige ordem e disciplina em qualquer que seja o setor das atividades em geral."

A punição da Federação Paulista de Futebol viria a cavalo: em reunião na noite de terça-feira, 22 de setembro, a diretoria da entidade referendou a sugestão do Departamento Profissional e suspendeu as equipes do São Paulo Futebol Clube das competições de todas as categorias por 30 dias, com base no item 26 do artigo 25, combinado com a letra B, parágrafo 1º, do artigo 14 do Código de Penalidades. "O clube que interromper uma partida por mais de cinco minutos sofrerá: perda da sua cota da renda, suspensão por 30 dias e perda dos pontos para o adversário, mesmo que continue no campo até o término do tempo regulamentar." Com isso, o confronto do tricolor com o

Espanha, pela última rodada do torneio, foi automaticamente cancelado – e assim, em caso de vitória do Corinthians no Derby que encerraria a temporada, o título de vice-campeão paulista mudaria de mãos e repousaria no Parque São Jorge.

(A resolução só não foi tomada por unanimidade porque o tesoureiro da diretoria, Nelson Fernandes, o algoz da Associação Alemã, discordou do castigo. Voto vencido, pediu demissão em solidariedade a seu clube.)

Cavando um buraco ainda maior em sua reputação, o São Paulo ainda tentava de todas as formas conquistar no tapetão aquilo que seu time perdera em campo. De acordo com *O Esporte* de 24 de setembro, cartolas tricolores cogitavam pedir a anulação da partida ou a disputa dos 26 minutos restantes com base em um argumento inacreditável: a culpa do não reinício do jogo fora do árbitro Jayme Janeiro Rodrigues, que teria se "esquecido" de determinar a cobrança da penalidade pró-Palmeiras. Quando voltaram a si e se lembraram de que 60 mil pessoas haviam testemunhado toda a melancólica sequência de fatos, os paredros são-paulinos direcionaram sua mira para a suposta irregularidade no registro de Echevarrieta. A documentação do argentino, contudo, estava devidamente regularizada e sua escalação fora autorizada pela Federação no sábado, fato noticiado pela imprensa. O desespero cegava a cúpula tricolor.

Enquanto isso, seus partidários se lançavam a ações espantosas. Parem as máquinas: Paulo Machado de Carvalho, logo ele, acusou publicamente a imprensa de estar sendo "injusta" com o São Paulo. A insólita reclamação motivou a Associação dos Cronistas Esportivos do Estado de São Paulo a se reunir extraordinariamente e emitir uma nota oficial. "Atravessando São Paulo uma das mais brilhantes fases de sua vida esportiva, o golpe foi muito rude, e, portanto, todos sentiram seu efeito. Nada mais justo, pois, que a imprensa esportiva também reprovasse os atos de alguns dirigentes do São Paulo F. C., instigando seus jogadores à prática da indisciplina, quando o momento mais do que nunca exige ordem. A imprensa não exagerou os acontecimentos. Retratou apenas o que o Brasil todo soube, pelas irradiações feitas em ondas longas e curtas, das emissoras locais e do Rio de Janeiro."

No lado palmeirense, dormia-se o sono dos justos. Em entrevista ao *Esporte*, Italo Adami não demonstrou qualquer preocupação com as manobras do São Paulo. "Na questão da habilitação de Echevarrieta, tudo foi providenciado em tempo oportuno e legal. O documento proveniente da Capital Federal foi exibido ao dr. Pinto de Castro, delegado de estrangeiros em São Paulo, o qual oficiou ao capitão Padilha, que por sua vez oficiou à Federação, sendo que esta, por último, nos oficiou confirmando que Echevarrieta poderia atuar em nossos gramados." Mesmo assim, o mandatário avisou que aguardaria e acataria a resolução das autoridades, aproveitando para chamar novamente o tricolor para a briga. "Dentro da lei, o Palmeiras aceitará até a anulação da partida. Se nos dispositivos estatutários da Federação Paulista de Futebol houver qualquer parágrafo que permita a nossa máxima entidade tomar tal medida, desde já posso afiançar que os profissionais palmeirenses irão novamente a campo."

Sem ter mais para onde correr, na noite de quinta-feira, 24 de setembro, o São Paulo convocou sócios, diretores e jornalistas para uma grande reunião na sede do Canindé, na qual o clube tentaria se explicar perante a opinião pública. Em uma longa exposição que subverteu a lógica, o presidente Décio Pedroso colocou sua equipe como vítima da arbitragem e do departamento profissional da Federação, e afirmou que a interrupção do jogo havia sido, na verdade, um hercúleo esforço do tricolor pela moralidade do futebol. "Não pedíamos favores para o São Paulo Futebol Clube. Não desejávamos interferência na autoridade do árbitro em campo. Não queríamos modificar julgamentos já feitos. Nada mais procurávamos do que zelar pela integridade física de 22 profissionais. Ansiávamos, em suma, por salvar o espetáculo."

Devaneios à parte, se a intenção dos são-paulinos era servir de exemplo, pode-se dizer que, mesmo às avessas, sua nobre missão foi cumprida. Depois de definir a atitude do tricolor como um "teatro de indisciplina e da mais rudimentar falta de ética esportiva", a Diretoria de Esportes do Estado de São Paulo enviou um ofício à Federação Paulista de Futebol autorizando o árbitro, em casos semelhantes, a solicitar da "autoridade policial a prisão imediata daqueles que estão lesando o público". Os arregões sumiriam do mapa em definitivo.

No mesmo ofício, a entidade comandada pelo capitão Padilha repreendeu, indiretamente, o Palmeiras pela entrada do time com a bandeira nacional. Dizia o documento: "Chamar a atenção dos filiados para a letra D do artigo 25 do decreto-lei federal nº 4545, de 31 de julho de 1942, que dispõe sobre o uso da Bandeira Nacional, não permitindo que os prélios futebolísticos sejam confundidos com manifestações de caráter nacional."

A Diretoria de Esportes também recomendou à federação uma punição a Jayme Janeiro Rodrigues, "por não ter energia necessária para conduzir uma partida". Cumprindo a ordem, a entidade o suspendeu por dez dias.

Apesar de suas falhas no caráter disciplinar, o juiz recebeu, da maior parte da imprensa, ao final do jogo, um atestado de idoneidade. "Devemos esclarecer que ele foi imparcial, não prejudicando este ou aquele bando com suas faltas. Não vimos, em nenhuma de suas ações, algo que refletisse o desejo de prejudicar qualquer dos contendores. Mas isso não quer dizer que Janeiro tivesse apitado corretamente. Seu maior defeito residiu no fato de não ter punido, com severidade, o jogo violento posto em prática por diversos elementos dos dois quadros desde o início da luta. Jayme Janeiro foi fraco, mas não errou punindo a falta do zagueiro são-paulino Virgílio, porque, se ele não merecesse repreenda, certamente depois teríamos algo mais grave", escreveu o *Diário da Noite*.

Ficava claro que o novato era apenas um bode expiatório para a desilusão tricolor. Ainda no domingo, depois de ter recebido várias ameaças de torcedores exaltados, Jayme Janeiro procurou a central de polícia para solicitar garantias a sua família. O delegado de plantão atendeu ao pedido e enviou uma patrulha para a rua Duarte de Azevedo, 524, em Santana, onde o juiz morava com a esposa, Adelaide, e quatro filhos.

Mal sabiam os são-paulinos que Jayme Janeiro Rodrigues era simpatizante do São Paulo desde os tempos da Floresta. Com o passar dos anos, porém, depois da celeuma da final do campeonato, toda a família do árbitro, à exceção do caçula Djalma, viraria a casaca e passaria a torcer... para o Corinthians.

No epílogo do campeonato, Palmeiras e Corinthians ainda teriam um encontro no dia 4 de outubro, no Pacaembu. Aos campeões alviverdes, que nas duas semanas anteriores haviam esgotado o estoque de vinhos da capital paulista, o resultado de empate ou vitória traria como bônus o título invicto. Para os alvinegros, só um triunfo asseguraria o posto de vice-campeão – além disso, permitiria o gostinho especial de carimbar a faixa do velho rival, devolvendo a derrota sofrida na derradeira partida de 1941.

E o Corinthians, de fato, pagou o Palmeiras na mesma moeda. Vencendo de virada, por 3 a 1 – gols de Lima, para os periquitos, e Hércules, Milani e Begliomini, contra, para os mosqueteiros –, a equipe do Parque São Jorge ultrapassou o São Paulo na classificação final e terminou com as glórias do vice-campeonato. A esquadra de Del Debbio foi batida pela primeira vez, em um infortúnio que, contudo, não representou a perda da Taça dos Invictos, que continuava em segurança no Parque Antarctica.

Mais uma vez, a arbitragem, agora a cargo de Pausânias Pinto da Rocha, deu o que falar: os alviverdes reclamaram muito da marcação do pênalti que gerou o segundo tento corintiano, bem como da expulsão de Og Moreira, na etapa final. Mas o Palmeiras não perdeu a compostura. "Todos os azares são constituídos na jornada negra do campeão, para que ele baqueie, de pé. Disciplinados e cônscios de sua responsabilidade perante o público esportivo que pagou e quer assistir, até o fim, o espetáculo esportivo, anunciado e programado, continuam o embate, defendendo o seu pavilhão com incrível energia, atacando o terrível adversário com denodo magistral, e não permitindo mais que sua cidadela caia, mesmo com inferioridade numérica, e com todos os desatinos da fortuna", escreveu a revista *Vida Esportiva Paulista* em sua edição de outubro.

Quis o destino que a última lição alviverde naquele ano vitorioso fosse, justamente, como saber perder.

O Campeonato Paulista de 1942 terminou no início de outubro. Mas não a alegria esmeraldina. Passadas semanas e semanas do encerramento do torneio, o triunfo do Palmeiras e o papelão do São Paulo seguiam como assunto principal na Terra da Garoa. Excelente termômetro do humor das torcidas, a seção Atrás do Gol, do jornal *O Esporte*, continuava recebendo centenas de cartas comentando o tema – foram tantas que o jornalista responsável pelo espaço, apelidado João da Bola, pediu encarecidamente que os missivistas parassem de se manifestar até segunda ordem. A fila de espera para publicação dava duas voltas no Pacaembu.

Os campeões, claro, aproveitavam para tirar a barriga da miséria. E um de seus passatempos preferidos era decifrar o significado das iniciais do clube de Décio Pedroso. Apareceram como possíveis respostas ao enigma as criativas "Somos Perdedores Fujões e Chorões", "São Pernetas Fantasiados de Craques", "São Paulo Fugiu de Campo", "Sou Publicidade Fazendo Careta", "São Papudos Fracos e Chorões", "São Perninhas Fraquinhas do Canindé", "Só Pernetas Fogem de Campo" e a premonitória "Salve Palmeiras Futuro Campeão".

Brincadeiras à parte, era impossível se esquecer da seriedade dos episódios que cercaram aquela decisão. Tanto é que muitas das mensagens de palmeirenses tinham um tom de pura catarse.

*Por castigo do céu, aconteceu o que tinha de acontecer. Castigo merecido tiveram os tricolores. Apanharam como deveriam apanhar. Fugiram da luta para que a surra não fosse maior. Escandaloso, simplesmente escandaloso. Procederam como procedem os antiesportistas, os amantes da discórdia. Não foi em vão que eu os taxei de conspiradores do futebol paulista. Motivos havia bastante; agora estão sobrando. Bem--feito, caíram na armadilha que armaram ao Palmeiras.*

*O São Paulo foi vítima de sua própria campanha! Justiça louvável. Nada mais justo, nada mais razoável. Tudo se acabou para os são-paulinos. Nós palmeiristas fomos vingados. – Pelourinho*

*O fantasma aqui está para atormentá-lo. Gostaria de ver sua carinha, com o cabelinho flabelado, rebelde, esvoaçando após a grande corrida – isto é, a grande fuga. Vocês do São Paulo deveriam dedicar-se ao pedestrianismo. O Palmeiras obteve uma vitória que por si só vale um campeonato. Uma vitória esportivo-moral. Salve Palmeiras! – Pardallian*

*A torcida tricolor, useira e vezeira em atitudes hostis, quer por ações quer por escrito, muito deixa a desejar. Usa a maior parte das vezes de insultos que, julgando desmerecer os adversários, cai, ela própria, no ridículo. O Palmeiras agradecia a multidão que compareceu ao Pacaembu e, mais uma vez, a melhor torcida de São Paulo (?) o agraciou com vaias. Que culpa tinham os rapazes alviverdes se os "Pernetas" não deram no couro? – Tenente Matos*

*Mas não foram só os periquitos que se manifestaram em Atrás do Gol. A maioria dos mosqueteiros, diante da abjeta campanha contra o Palestra fora de campo, fez questão de mostrar sua solidariedade ao alviverde – e comemorou escancaradamente a vitória da equipe de Oberdan em seu duelo com o São Paulo.*

*Corintiano dos quatro costados, nunca senti tanta satisfação nas vitórias do alvinegro como na de ontem, do alviverde sobre o São Paulo. Sr. João da Bola, esta é a primeira vez que venho em Atrás do Gol externar meu modo de pensar; e creia o senhor que jamais a alegria me empolgou tanto como desta vez. Caiu o São Paulo, e que queda: moral, material, administrativa e no conceito do esporte nacional. Moveram tal campanha contra o Palestra e foram os primeiros derrotados pelo Palmeiras – justiça de Deus. Cai o nome, ficam as iniciais, o poderio, o uniforme, a dignidade. Ficando com tudo que é do esporte para o esporte, fica também a tradição e a vontade de vencer. – Tocantins*

Não à toa, vem daí uma divisa criada pelos palestrinos da velha guarda e herdada pelos palmeirenses das novas gerações. Uma frase que resume bem o cenário bélico da histórica e heroica temporada de 1942, aquela em que o Palestra foi à guerra.

Corinthians é rival; São Paulo é inimigo.

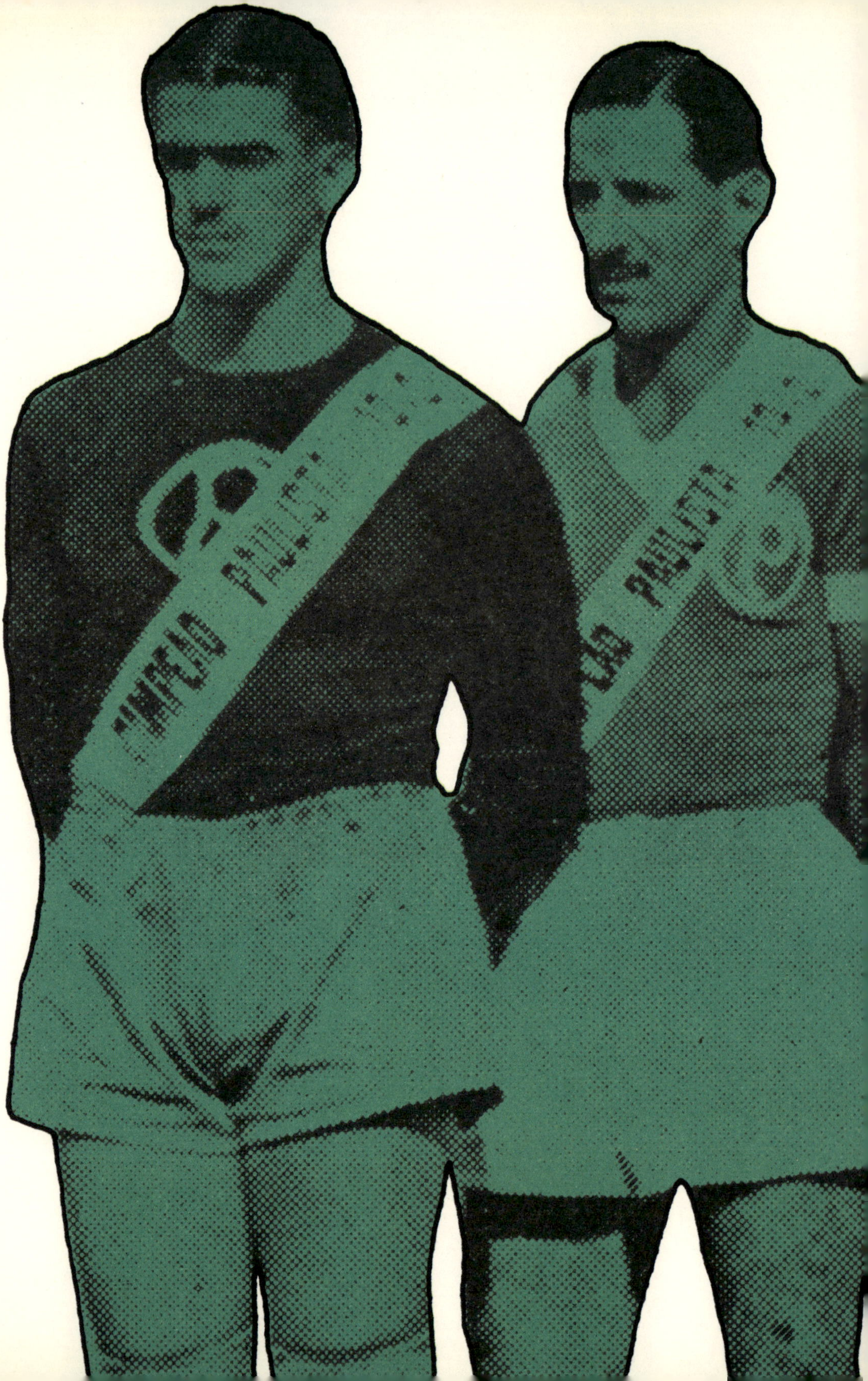

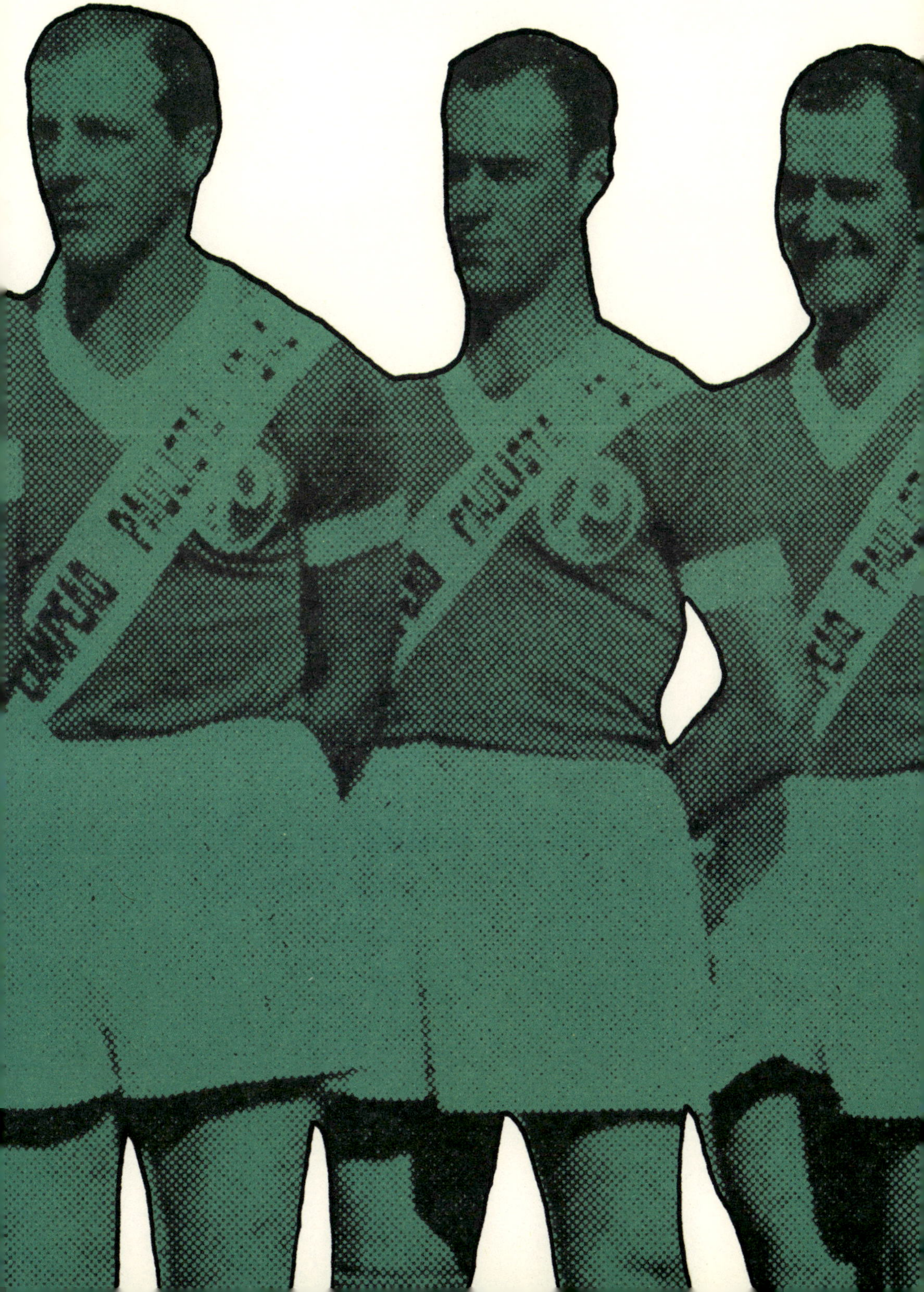

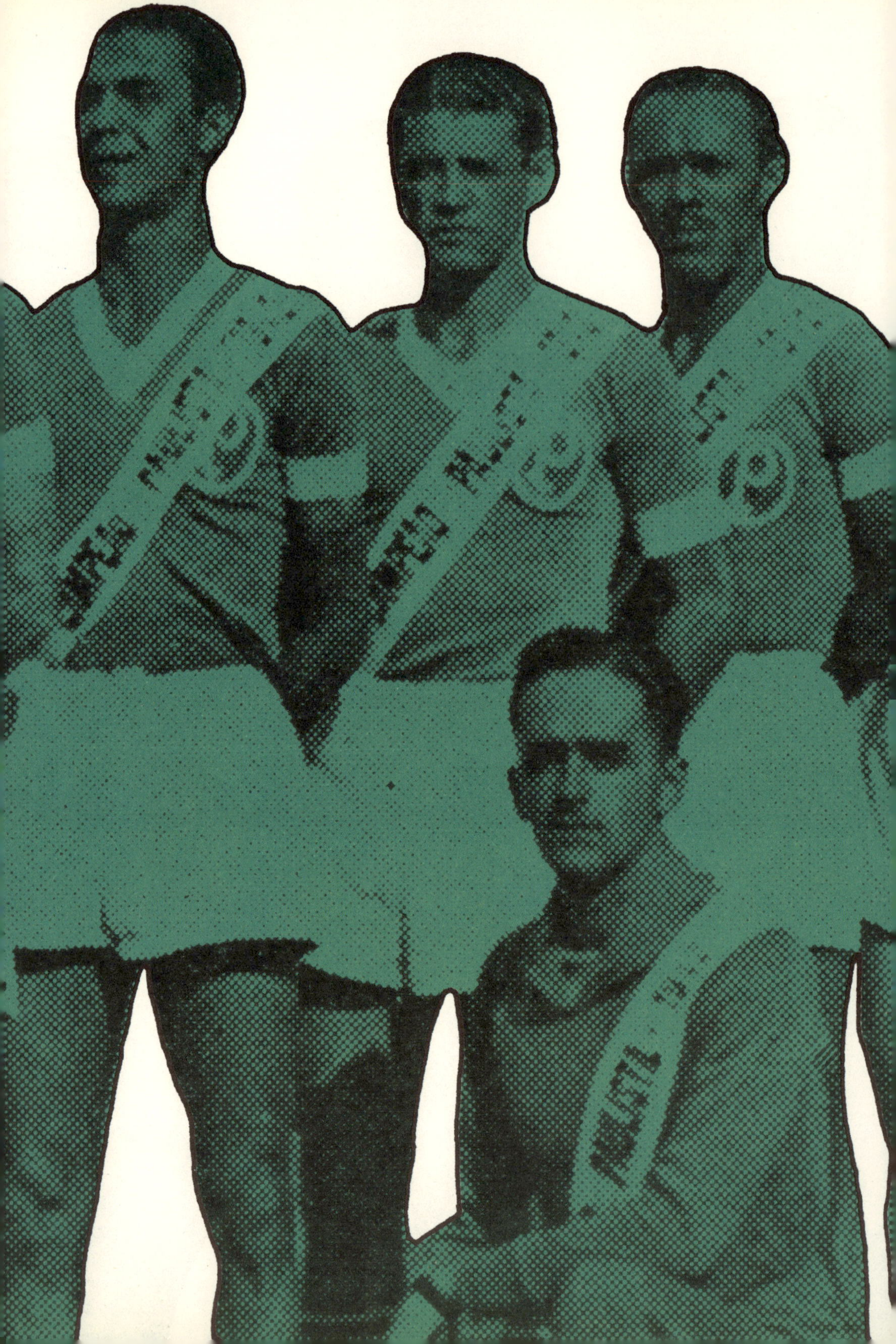

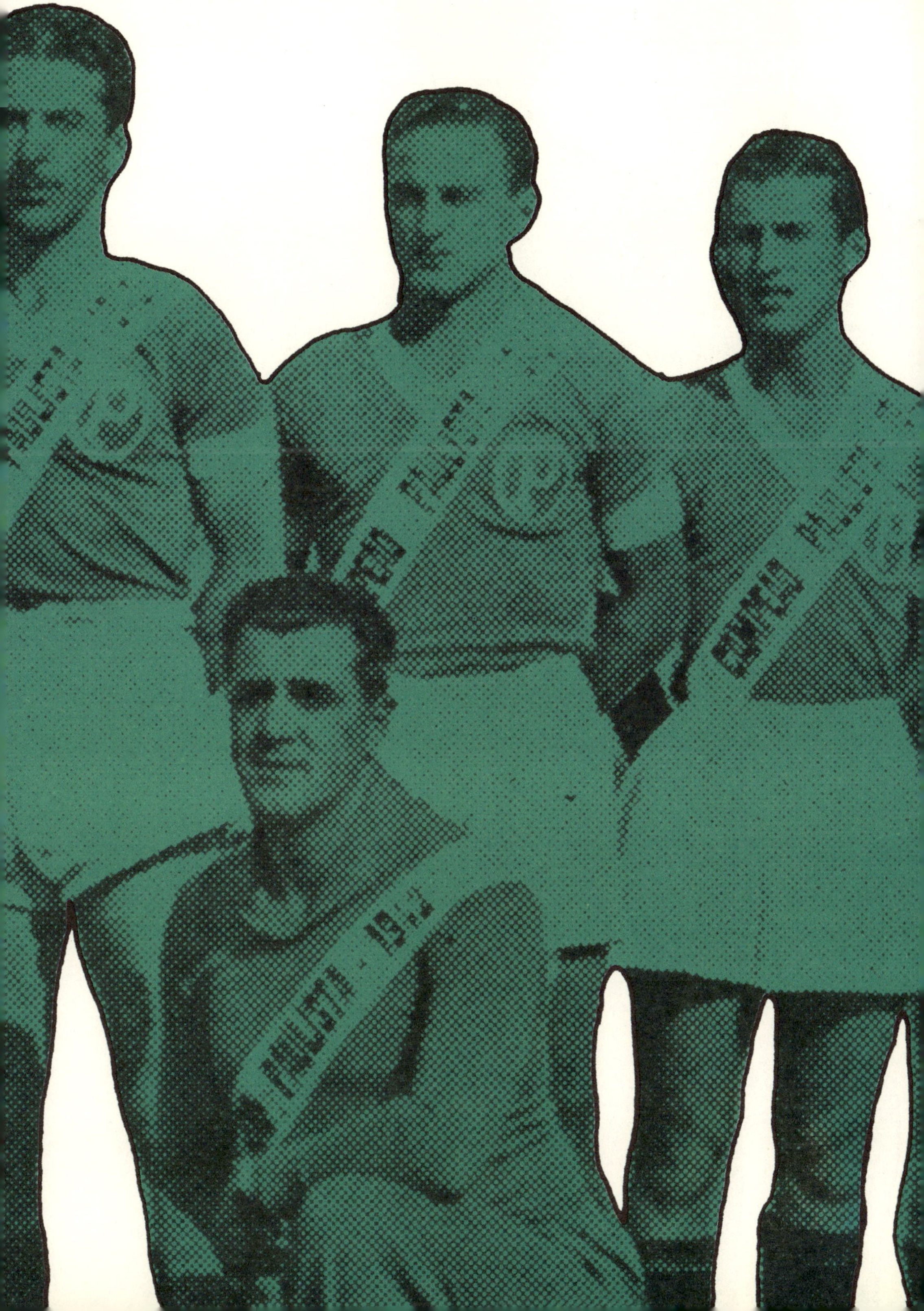

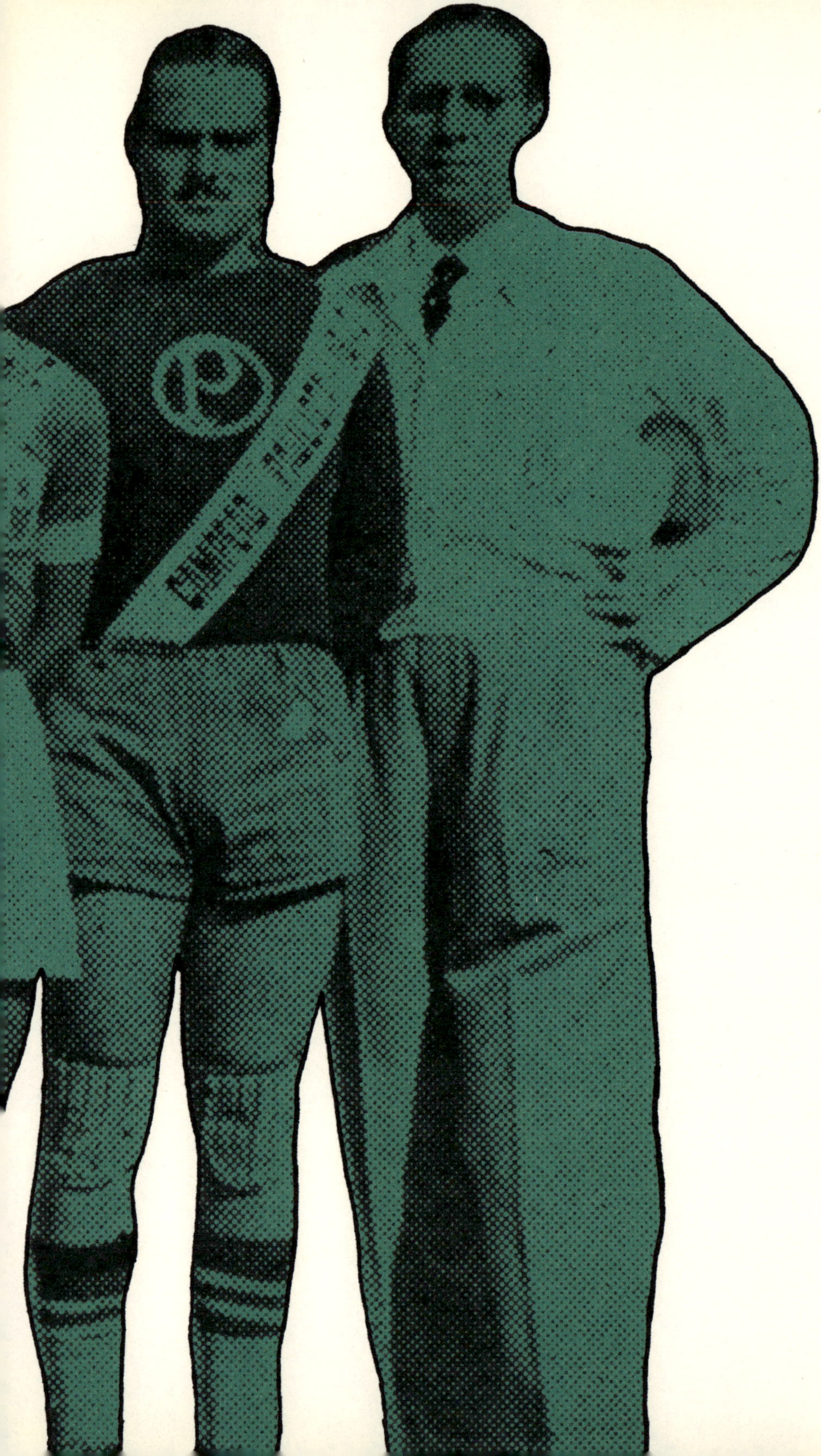

# NOTA DO AUTOR

A ideia deste trabalho nasceu em uma conversa com Luiz Gonzaga de Mello Belluzzo, no início de 2012, pouco depois do lançamento do livro *São Marcos de Palestra Italia*. Havíamos nos conhecido naqueles dias, por conta de uma ameaça de censura do Palmeiras à obra sobre o ídolo recém-aposentado. Notório defensor da liberdade de expressão, Belluzzo imediatamente me ofereceu apoio incondicional, apesar de o livro tecer diversas críticas a sua gestão à frente do clube. Ele podia até não concordar com elas – depois, me confidenciaria que subscrevia a maioria –, mas sabia que eu tinha o direito de fazê-las.

Enfim, a polêmica passou, e o professor, que afirmara ter apreciado o ritmo e o estilo do livro, disse que gostaria de me ver escrevendo de novo sobre o Palmeiras. E lembrou que, no final daquele ano, se completaria o 70º aniversário da Arrancada Heroica. Como palmeirense, eu conhecia, claro, o histórico episódio; mas uma pesquisa preliminar me revelou que os acontecimentos de 1942, quando investigados de perto, eram ainda mais interessantes. Decidi então pedir licença a meus outros projetos e seguir em frente com o trabalho.

Para recuperar uma história de sete décadas atrás, em que todos os seus protagonistas – à exceção do lendário Oberdan Cattani – já haviam falecido, a melhor receita era pesquisar todo e qualquer material da época, fossem jornais, revistas, livros ou músicas. Comecei, então, o périplo por arquivos e bibliotecas, onde descobri algumas relíquias, como a coleção do *Moscardo*, periódico do fundador do Palestra Italia, Vicente Ragognetti, pródigo em notícias de bastidores do clube do Parque Antarctica.

Ao mesmo tempo, algumas entrevistas foram cruciais para a compreensão do tema e do período a ser abordado. Destaco, em primeiro lugar, o próprio Oberdan, que, aos 93 anos, se recordou dos companheiros e da terrível pressão sofrida pelos palestrinos naquelas semanas que antecederam a decisão. E também as conversas com Fernando Razzo Galuppo, profundo entendedor e apaixonado estudioso da história alviverde. Com a generosidade que lhe é peculiar, Galuppo não apenas se dispôs a dividir o conhecimento adquirido em anos de pesquisas sobre o Palmeiras como ainda me forneceu para consulta os originais de seu livro *Morre líder, nasce campeão*, documento fundamental sobre a trajetória do Palestra da fundação até 1942. Aos dois, meu agradecimento especialíssimo.

A fim de elucidar os mistérios em torno de uma figura crucial e um tanto controversa na história – o árbitro Jayme Janeiro Rodrigues –, contei com o auxílio de Djalma José Rodrigues, seu filho caçula, que abriu o álbum de memórias e fotografias da família. Da mesma forma, Edgard Prochaska me forneceu preciosos depoimentos e fotos da Associação Alemã de Esportes, entidade pela qual seus pais competiam e que ele frequentou quando jovem. Obrigado a ambos.

Nos arquivos e bibliotecas, foram inúmeras as pessoas que me atenderam, sempre com disposição e paciência – da qual eu não poucas vezes abusei. No Instituto de Estudos Brasileiros da Universidade de São Paulo, Elisabete Marin Ribas; na Biblioteca Mario de Andrade, Lívia Lopes Garcia e Elizete Rosa de Jesus dos Santos; no Arquivo do Estado, Odete dos Santos Silva, Jorge William Pinto, Tércio Sandro Nascimento Silva e equipe; na Casa da Imagem, Leila Antero e João de Pontes Junior; no Museu da Federação Paulista de Futebol, Cesar Augusto Moura Leite; no Centro Pró-Memória Hans Nobiling, do Clube Pinheiros, Cristina Franco de Mattos e Anemaria Galindo; no Arquivo Histórico do Clube Esperia, Andre Fraccari Bertin; no arquivo do *Diário de S. Paulo*, Jonas Dorival Nunes, Ezequiel Santos Araújo, Paulo Sebastião

Rodrigues e Marcelo Moreno; no arquivo do *Estadão*, Edmundo Leite e Lizbeth Batista.

Grande conhecedor da história do alviverde, José Ezequiel Filho, do Acervo Histórico da Sociedade Esportiva Palmeiras, sempre se colocou à disposição. A ele, e ao Bruno Alexandre Elias, meu muito obrigado. Agradeço também ao historiador Michael Serra, do Acervo Histórico do São Paulo Futebol Clube, pela atenção dispendida. Ainda no terreno do futebol, devo muito à ajuda de David José Costa, responsável pelo Memorial do Sport Club Corinthians Paulista. Desde o início, David, especialista nos primeiros anos de história do Mosqueteiro, entendeu a proposta desde livro e esteve sempre a postos para ajudar.

Depois de lançar o *São Marcos de Palestra Italia*, conheci diversas pessoas que, mesmo do lado de fora, fazem mais pelo Palmeiras do que muitos de seus representantes oficiais – e merecem meu agradecimento não só pelo apoio a esta obra como também pelo incansável trabalho em prol do clube. Felipe Giocondo, Roberto Bovino Junior, Rogério Barberi, Tito Trigo, Marco Bressan, José Samora Junior, Julio Cezar Ragazzi e toda a turma dos Dissidenti – e, com um especial obrigado pela atenção e pelas sugestões, Rodrigo Barneschi, Adriano Pessini e Conrado Cacace. Marcelo Duarte Iezzi, mais uma vez, foi desde o começo um entusiasta do projeto e um emérito interlocutor das alegrias e agruras palestrinas. *Grazie*.

Estão aqui também a sabedoria, futebolística ou não, dos amigos Dario Palhares, Carlos Silveira Mendes Rosa, Ricardo Briganó, Giancarlo Lepiani, Denis Moreira, Denise Marson e Maik René Lima. Soraia Bini Cury, como sempre, me ajudou em todas as frentes, sem medir esforços – agradecê-la já é redundância. A criatividade de Tatiana Busto Garcia deixou o texto bem mais caprichado. Sou extremamente grato a todos.

Muito obrigado também a Luciana Esther de Arruda, Glenda Pereira, Lia Rizzo, Luciana de Melo Souza, Michele Gennaro, Beatriz Savonitti, Therezinha Cubas de Souza, Fernanda Leonardi, Walkyria Cattani Ivanaskas, Juliana Rodrigues, Marcelo Lia, Carlos Lia, Carlos Roberto Ivanaskas, Guilherme Sella, Luiz Frederico Normand, Edd Jackson, Eduardo Pascale, Ronaldo Ribeiro dos Santos, Alberto Helena Jr., Alfredo R. R. de Sousa e Leo Feltran.

É um prazer concretizar mais uma ideia em parceria com o amigo José Luiz Tahan, editor da Realejo Livros – agora com fôlego dobrado pela chegada do editor-assistente Rodrigo Simonsen. Essa dupla promete.

Como todos já puderam notar, esta obra tem o privilégio de contar com as sensacionais ilustrações do designer gráfico e escritor palmeirense Gustavo Piqueira. Preparar um belo material com base em imagens mal-conservadas de jornais de 70 anos atrás era um desafio para poucos, mas eu tinha certeza de que, passando a bola para o Gustavo, ele marcaria um golaço. Só não imaginava que o cara partiria do campo de defesa, jantaria os zagueiros, chapelaria o goleiro e finalizaria de bicicleta. Basicamente, foi isso que ele fez. Ao Gustavo, bem como às designers Samia Jacintho, Ana Lobo, Caroline Vapsys, Marianne Meni, Vanessa Miura e a todo o pessoal da Casa Rex, não tenho nem palavras. Só posso aplaudir.

Por fim, *dulcis in fundo*, como diria o genial Ragognetti, os agradecimentos ao meu time de sempre. Helena, Pia, Tati, Miguel, os Campos, os Rizzo, os Dallacqua, e, claro, ele, o cara, Celsão. Até.

*Celso de Campos Jr.*
*Setembro/2012*

*Celso de Campos Jr.* nasceu em São Paulo em 1978. Formado em Jornalismo pela Cásper Líbero e em História pela Universidade de São Paulo, é autor de *Adoniran – Uma biografia* e de *São Marcos de Palestra Italia*, além de coautor de *Nada mais que a verdade – A extraordinária história do jornal Notícias Populares*.

À frente da Casa Rex, seu estúdio de design com sedes em São Paulo e Londres, **Gustavo Piqueira** é um dos designers gráficos mais premiados do Brasil, com mais de 120 prêmios internacionais. Também é autor de 12 livros, entre eles *Coadjuvantes* (Martins Fontes), sobre a fila de títulos alviverde entre 1976 e 1993.

# CAPI
## Um
### MARAV

## LÁZARO

### apelo

**MAIS UM**

Tudo os une e

**NOVE**

valorosos esqu

A GRANDE
nada os separa!
DADE
rões alvi-verde

FORD
MERCURY LINCOLN-ZEPHYR
LIDERES em 1942

renses
a força
linado
131
onat

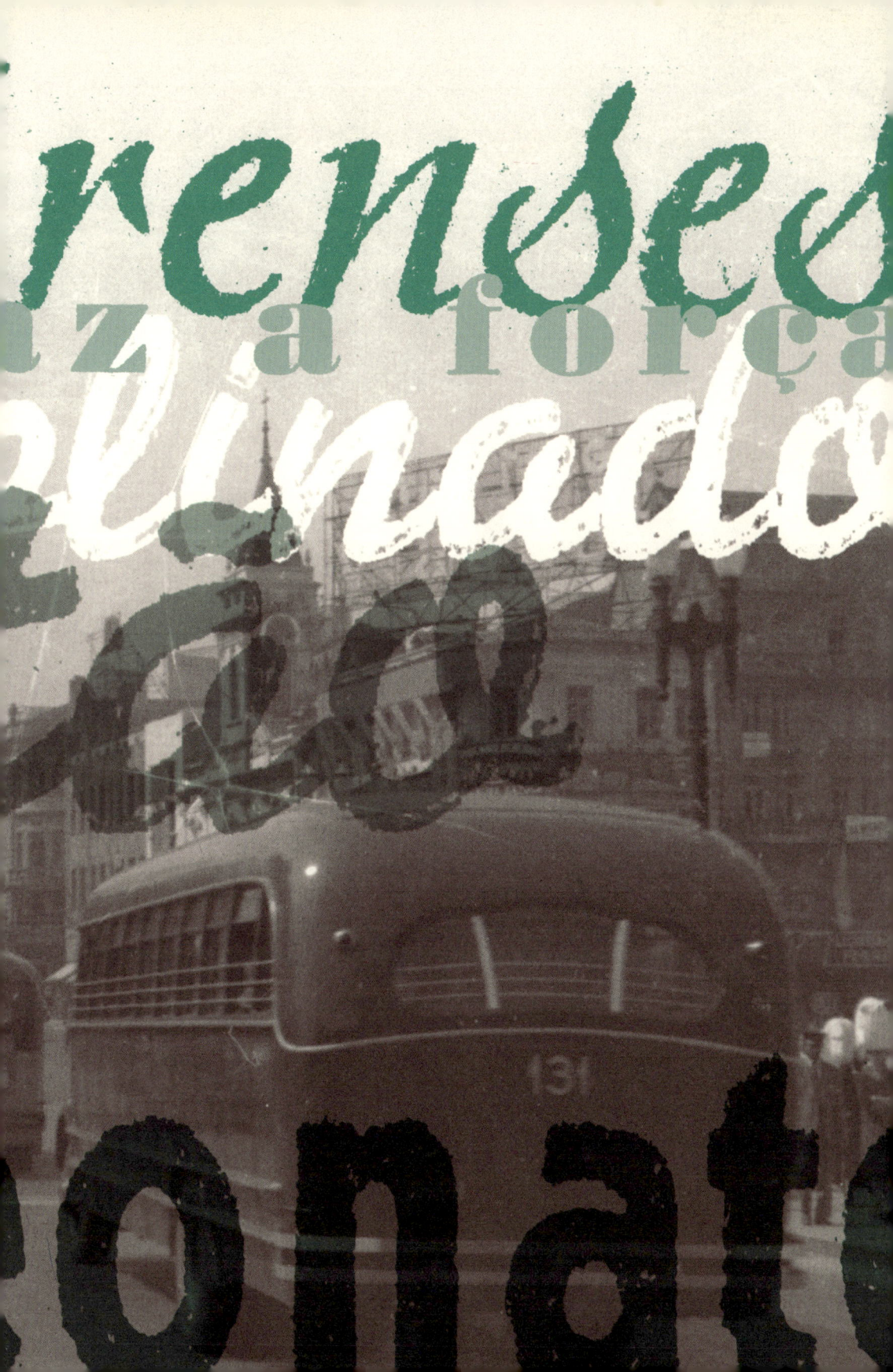

VIDA
Grande
QUE VENHA
disc

# OBLA di, bla be

## CHAMPAGNE

um "crack"

que se previne...

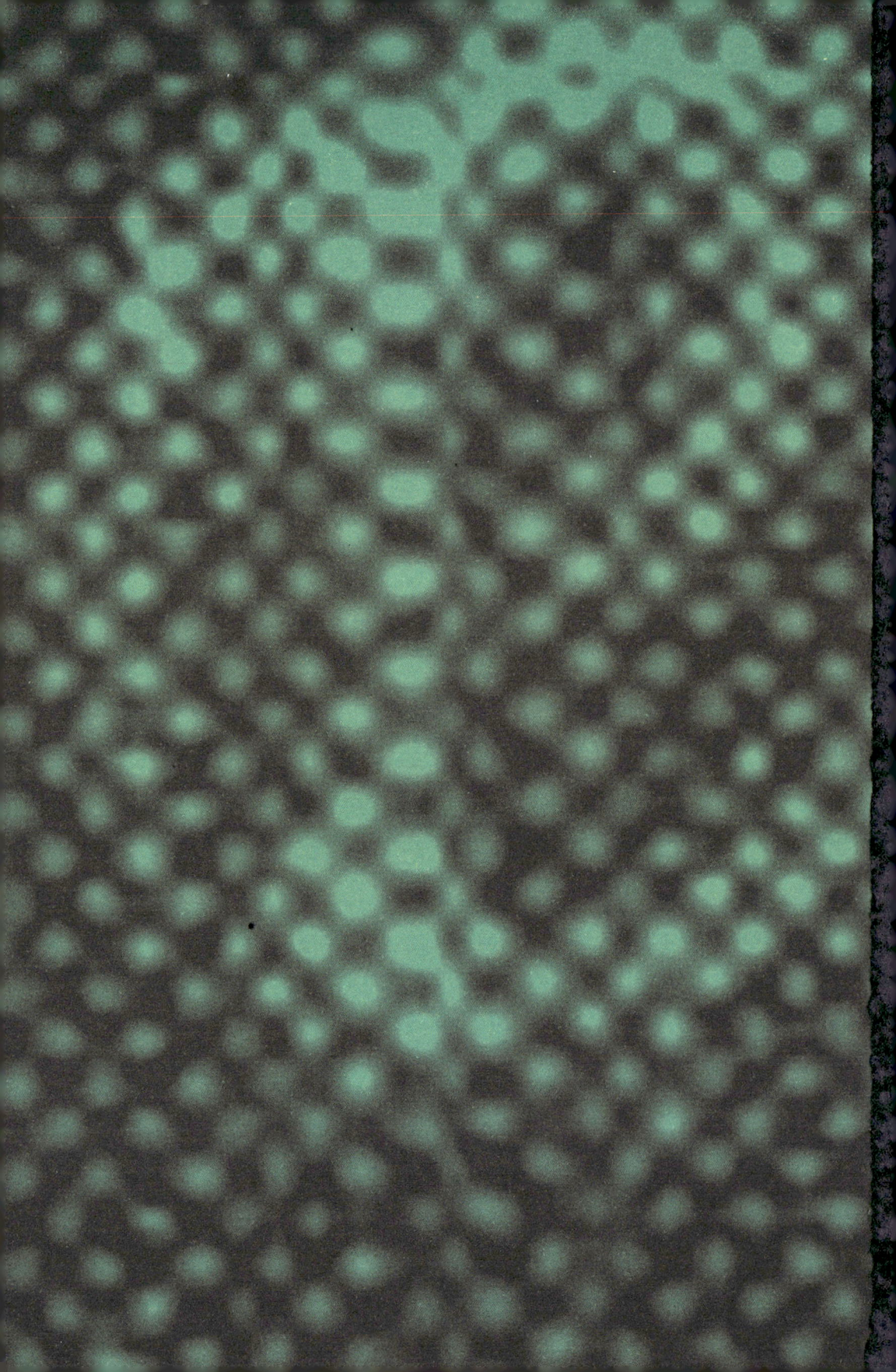